소중한 마음을 가득 담아서

_____ 님께 드립니다.

지은이 김종삼

대학 졸업 후 군에서 시스템 장교로 근무했다. 이때의 경험을 살려 사회시스템전문가로서 30여 년간 강의와 저술활동을 활발히 하고 있다. 강의는 공공단체, 기업체에 주로 하면서 여러 대학에도 출강하고 있다. 특히 일반기업이나 지자체, 공공기관에는 시스템에 관해 전문컨설팅을 하고 있다.

사회 첫 직장으로 대기업에서 근무했으며 중앙노동경제연구원 책임연구원을 거쳐 자격개발 전문기관인 한국산업자격협회를 직접 설립하고 원장을 맡고 있다. 현재 한국표준협회에서 자격개발팀을 이끌며 기업체에 필요한 새로운 자격을 개발해주는 일을 하고 있다. 광주대학에서 교수를 역임했고 김해시민연대 대표를 맡아 사회 전반의 시스템에 관한 역량을 다졌다.

송강 정철 선생이 성산별곡을 지었던 담양에서 어린 시절을 보내며 자연스럽게 유교를 공부했다. 고향을 떠나 유학을 하면서 기독교와 불교(SGI), 국제라엘리안 무브먼트 등 여러 종교를 섭렵하였다. 최근에는 유튜브를 통해 정법강의를 듣고 종교의 번뇌에서 벗어나 영혼의 세계와 차원세계에 관해 공부를 계속하고 있다. 출간한 도서로는 《스스로 움직이게 하라》, 《Better Life Best Life》 등이 있다.

내 주머니에 꽂은 빨대처리법

나는 더 이상 끌려다니지 않기로 했다

김종삼 지음

지금보다
더 나은
삶을 위해

STiCK

스틱토시인호 S049 | 표지 (한국제지) 아트지엘 백서 210g/㎡ | 본문 (한송제지) 미색 백상지 100g/㎡

내 주머니에 꽂은 빨대처리법

나는 더 이상 끌려다니지 않기로 했다

초판 1쇄 발행 2019년 4월 29일
초판 4쇄 발행 2019년 12월 23일
지은이 김종삼

발행인 임영묵 | **발행처** 스틱(STICKPUB) | **출판등록** 2014년 2월 17일 제2014-000196호
주소 (10353) 경기도 고양시 일산서구 일중로 17, 201-3호 (일산동, 포오스프라자)
전화 070-4200-5668 | **팩스** (031) 8038-4587 | **이메일** stickbond@naver.com
ISBN 979-11-87197-34-8 (03320)

[원고투고] stickbond@naver.com
출간 아이디어 및 집필원고를 보내주시면 정성스럽게 검토 후 연락드립니다. 저자소개, 제목, 출간의도, 핵심내용 및 특
징, 목차, 원고샘플(또는 전체원고), 연락처 등을 이메일로 보내주세요. 문은 언제나 열려 있습니다. 주저하지 말고 힘차
게 들어오세요. 출간의 길도 활짝 열립니다.

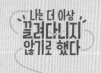

끌려다니지 않기

열심히 일하고 성실하게 살면 모두가 잘살아야 한다. 그런데 언제부터인지 그렇지가 않다. 열심히 일해도 성실하게 살아도 오히려 살기가 힘들어 졌으니 말이다.

누가 보아도 세상은 너무나 발전했다. 도시는 화려해지고 빌딩은 하늘을 찌른다. 거리는 자동차로 넘치고 호텔 같은 아파트가 즐비하다. 어린 아이들의 손까지도 스마트폰이 들려있다. 집집이 자가용 한두 대씩에 큰 냉장고, 벽걸이 TV까지 모든 것이 풍요롭다. 이렇게 세상은 발전하는데 살기가 힘들어졌다면 뭔가 이상하다.

그동안 금융위기나 IMF 같은 경제위기도 잘 극복했다. 근로자들은 휴일도 반납했다. 농부들은 겨울에도 쉬지 않고 비닐하우스에서 땀을 흘렸다. 그렇다고 큰 흉년이 든 것도 아니다. 지진이나 전쟁도 없었다. 그렇다면 무엇이 문제였을까.

나는 지난 30년을 기업을 대상으로 강의와 컨설팅을 하고 저술활동을 하면서 변화의 중심에 서 있었다. 누구보다 세상의 변화를 온몸으로 느끼면서 살아왔다. 그러다 보니 무엇이 문제인지 조금씩이나마 실마리를 찾을 수 있었다.

1987년 결혼 당시 아내가 혼수로 준비한 TV는 19인치였다. 냉장고는 200리터였다. 30년이 지난 지금 TV는 55인치에 냉장고는 800리터이다. 커진 만큼 살기가 좋아졌다면 아마 이 책을 쓰지 않았을 것이다. 대부분 사람처럼 나 역시 그때보다 삶이 힘들어졌다고 느꼈기에 그 이유를 찾아 정리한 것이다.

우선 그때와 비교해 크게 달라진 것을 찾아보았다. 무엇보다도 인터넷과 스마트폰, 공산주의 소멸, 지방자치단체 등장 등 몇 가지로 압축되었다. 나는 이들 몇 가지가 서로 어우러져 지난 30년 우리의 삶을 어떻게 힘들게 만들었는지 파헤쳐 보았다.

공산주의의 소멸은 견제가 없는 자본주의의 독주를 가져왔다. 마르크스가 들고 나왔던 자본주의의 문제가 한꺼번에 우리 사회에 나타나게 된 것이다. 여기에 인터넷은 자본주의가 몸집을 키우기에 너무도 좋은 환경을 만들어 주었다. 때마침 등장한 스마트폰은 기업이 아무런 막힘없이 소비자에게 상품을 전달할 수 있게 만들어 주었다.

그뿐만이 아니다. 실력도 없이 오직 인기투표 하듯이 선거로 뽑힌 정치인들은 가진 자들의 들러리 노릇을 잘해주었다. 정치인에게 주도권을 빼앗긴 공무원들은 살아남기 위해 일보다 눈치부터 살펴야 했다. 아까운 혈세가 낭비되어도 말 한마디 할 수 없게 되었다.

결국, 이 나라는 지난 30년간 그 누군가에 의해 끌려다니는 신세가 되고 말았다. 이들은 지금 이 순간도 5,000만 개의 스마트폰에 목줄을 걸고 사람들을 마음대로 끌고 다닌다. 세상을 화려하게 포장하면서 어느새 우리에게 빨대를 꽂은 것이다. 이것이 바로 힘든 삶을 살게 된 이유다.

1장은 자본주의 천국이 되어버린 세상에서 기업이 어떻게 우리의 지갑을 털어 가는지 살펴보았다. 이 같은 사실을 알고 지난 2년간 가족과 함께 자동차까지 한 대 줄이며 직접 실천에 옮겨보았다. 그 결과 매월 150만 원 이상을 절약할 수 있었다. 이 책을 보면 누구나 가능한 일이다. 그동안 내 강의를 들은 많은 분의 생생한 경험이 이를 말해준다.

2장은 삶의 가치관을 정리했다. 자본주의 앞에 누구나 돈이 삶의 목표가 되어버렸다. 소유를 목표로, 돈을 목표로 살아야 자본주의는 힘을 얻는다. 1%의 자본가에게 끌려다니지 않으려면 삶의 가치관부터 다시 살펴보아야 한다.

3장은 한쪽만 보고 더 많은 것을 보지 못하는 개발의 현장을 찾아 소개했다. 얼핏 보기에는 국민을 위해 개발하는 것 같지만 조금만 더 살펴보면 대부분 국민이 피해를 보고 있다는 것을 알게 된다.

4장은 기득권 세력이 만든 정책 중에서 우리를 힘들게 하는 몇 가지를 들었다. 모두가 우리 주변에서 일상적으로 접하고 있는 사례들이다. 그만큼 낯설지 않은 주제와 내용이다.

오랜 기간을 시스템전문가로서 사회 일선에서 활동하였기에 남들이 보지 못한 부분을 조금 보았을 뿐이다. 세상이 참 좋아졌다고 하면서도 고개를 갸우뚱했던 분이라면 이 책이 많은 도움이 될 것이다. 책을 보고 나서는 누군가에 끌려다니지 않을 것이다.

책이 나오기까지 주제선정에서부터 문장 하나까지 독자의 눈높이에 맞춰 읽고 다듬어 주면서 도움을 준 문선미 선생에게 감사한 마음을 전한다.

양곡 서재에서 김종삼

지금보다
더 나은
삶을 위해

지금보다
더 나은
삶을 위해

1장

당신을 위한
상품은 없다

― 기업에 끌려

삶을
힘들게
하는
다섯 가지

30년 전과 비교하면 우리 사회는 많은 발전을 했다. 1인당 소득은 3만 달러이니 당시 5천 달러보다 여섯 배나 늘었다. 집집이 자동차는 기본이고 아파트 평수도 넓어졌다. 냉장고도 TV 화면도 몇 배나 더 커졌다. 빌딩은 높아지고 도시는 화려해졌다. 대학교에 진학하는 사람도 훨씬 많아졌다. 고속철이 생겨 전국 어디든 단숨에 갈 수 있다. 스마트폰 하나면 손안에서 모든 것을 해결할 수도 있다. 대형 마트가 가까이 있고 한길 건너마다 24시간 편의점이 있다. 그때와 비교하면 너무나 살기 좋은 세상이 되었다.

그런데 이상하다. 갈수록 살기가 점점 더 힘들어지고 있으니 말이다. 우리는 세상이 발전하면 모두가 더불어 잘살 것으로 생각한다. 하지만 조금만 들어가 보면 그 반대다. 학생들은 그때보다 공부를 두 배로 더 해야 한다. 부부가 같이 벌어도 살림살이가 빠듯하다. 두 자녀는커녕 이제는 아이를 가질 생각조차 못한다. 병원에도 더 자주 간다. 직장에서 일하느라 저녁을 잃어버린 지 오래다. 모두가 더 바빠졌다. 가족 간에 같이 있는 시간은 많이 줄었다.

저축은커녕 항상 마이너스 인생이다. 통장에 돈이 들어와도 이것저것 매월 고정으로 빠져나가고 나면 쓸 돈이 없다. 소득이 늘어난 만큼 지출도 늘어나는 것은 당연하다. 문제는 매월 고정으로 나가는 돈이 많아졌다는 것이다. 한마디로 실질소득, 즉 가처분소득이 줄어든 것이다. 겉으로 보이는 소득은 늘었는데 왜 실제 소득은 줄었을까.

$$실질소득(가처분소득) = 총소득 - 고정지출$$

그때와 비교해 가계지출항목을 한번 따져보자. 우선 1988년 올림픽을 전후해서 그 시절에는 없던 지출항목부터 찾아보자. 무엇보다 눈에 띄는 게 '통신비'다.

그다음으로 보험료, 학원비(교육비), 자동차구매·유지비, 아파트 대출금이다. 놀랍게도 이들 다섯 가지 항목이 1위부터 5위까지 차지한다. 그것도 매월 꼬박꼬박 통장에서 자동으로 빠져나간다. 그 누군가 빨대를 꽂아 돈을 빼가고 있는 것이다.

① 아파트 대출금   130만 원
② 보험료   120만 원
③ 학원비(교육비)   100만 원
④ 자동차구매·유지비   70만 원
⑤ 통신비   50만 원

▲ 가계지출 순위

5천만 개의
빨대
통신비

먼저 통신비부터 살펴보자. 인터넷요금은 물론 인터넷과 함께 들어온 상품들을 찾아보자. 휴대폰요금, 전화요금, 케이블TV요금 등이다. 또 신제품이 출시될 때마다 매번 바꿔야 하는 스마트폰 비용도 만만치 않다. 휴대폰은 유치원에 다니는 아이들부터 할아버지까지 가족 모두가 한 대씩 가지고 있다.

여기에 게임 아이템 등 스마트폰으로 결제하는 소액결제 비용까지 합하면 가정에서 지급하는 통신요금은 만만치 않다. 들어가는 돈 이상으로 건강에도 치명적이다. 스마트폰 화면에 뺏기는 시간만큼 많은 것을 잃는다. 스마트폰이 곁에 없으면 불안하고 아무것도 할 수 없다. 이런 스마트폰 강박증은 자신의 영혼까지 망가트린다. 엄지증후군, 거북목증후군, 대인기피증도 유발시킨다. 누구보다 제품을 만든 사람은 그 제품의 장단점을 잘 알고 있다. 스마트폰의 아버지라 불리는 스티브 잡스는 정작 자신의 아이들은 아이패드를 사용한 적이 없으며 스마트폰은 사용하지 않는다고 했다. 대신 매일 아이들과 저녁을 먹으며 책과 역사를 주제로 토론했다고 한다.

나 역시 매월 6만 원 이상의 휴대폰 요금을 내고 있었다. 비싼 요금은 데이터 때문이다. 하지만 지금은 월 15,000원만 내고 통화를 마음껏 쓰고 있다. 스마트폰의 데이터 기능은 아예 꺼버리고 대신 와이파이 존을 이용하고 있기 때문이다. 외국인들이 한국에 와서 첫 번째로 놀라는 게 화장실이라고 한다. 그다음 놀라는 게 어디서나 터지는 와이파이(WiFi)다. 주변이 온통 천연생수가 넘치는 곳인데 종일 비싼 생수병을 들고 다닌다고 생각해보라. 우리나라는 전국 대부분이 와이파이라는 천연생수로 넘친다. 여기저기 넘치는 천연생수를 두고 비싼 생수통을 들고 다니며 목을 축일 필요가 없다. 와이파이를 쓰면 10기가니 20기가니 하는 데이터도 큰 의미가 없다.

내 강의를 듣고 난 후 많은 사람이 데이터 요금을 쓰지 않고 15,000원 정도 하는 알뜰폰 요금제를 쓰고 있다.

와이파이 사용 전	와이파이 사용 후
· 인터넷 케이블 28,000원 · 휴대폰 230,000원(4인 가족 기준) · 하루 2시간 이용	· 인터넷 케이블 28,000원 · 휴대폰 60,000원(4인 가족 기준) · 하루 1시간 이용
계 258,000원	계 88,000원
통신비 절감 170,000원	

▲ 통신비 재설계 전후 비교

모바일 데이터를 꺼버리면 처음에는 조금 불편하다. 하지만 그 불편함이 오히려 스마트폰 사용습관을 품격 있게 바꿔준다. 와이파이가 안 되는 곳에서는 자연스럽게 스마트폰 화면을 보지 않기 때문이다. 자동차를 타거나 걸어서 이동할 때만 와이파이가 되지 않는다. 이 때문에 안전에도 도움이 된다. 걸어 다니면서 휴대폰을 사용하지 않으니 스몸비(Smombie)라는 오명에서도 벗어날 수 있다. 앞으로 통신사들은 매출하락에 생존을 걱정할 것이다. 지난 30년간 빨대를 꽂고 호의호식했으니 이제라도 빨대를 거두어야 한다.

내친김에 화면이 큰 스마트폰 대신 화면이 작으면서 무게도 적게 나가는 폰으로 바꾸었다. 우리는 스마트폰 화면이 크면 좋은 것으로 생각한다. 그것은 광고 덕분이다. 휴대폰은 무엇보다 휴대하기 편해야 한다. 당연히 작고 가벼워야 한다. 나는 180g이나 되는 최신폰 대신 2년 전 모델을 구매했다. 135g의 가벼운 무게에 화면 크기도 훨씬 작다. 크기가 작으니 아예 지갑 속에 넣고 다닌다. 덕분에 예전보다 스마트폰을 쓰는 시간도 훨씬 줄어들었다. 스티브 잡스가 죽기 전까지도 스마트폰 화면을 4인치 이상 넘기지 못하도록 고집했던 이유를 알 수 있을 것 같다.

안 내도
되는
보험료

보험료 역시 내 통장에서 자동이체라는 빨대를 꽂아가며 매월 많은 돈을 빼내간다. 통계를 보니 국민 1인당 매월 30만 원 정도를 보험료로 지출하는 것으로 조사되었다. 4인 가족 기준 매월 120만 원을 보험료로 지급하고 있다.

언젠가 닥쳐올 사고를 위해 그 많은 돈을 매월 내고 있다. 어느 날인가 옆집에 사는 강아지를 보니 목에 붕대를 하고 낑낑거리며 다닌다. 아내에게 물어보니 수술을 해서 그렇단다. 강아지 보험을 들어서 보험사에서 수술비가 나오니 강아지에게 온갖 수술을 다 한다는 것이다. 그동안 냈던 보험료가 있으니 강아지를 데리고 가서 이런저런 치료를 한다는 것이다. 동물병원도 손해날 일이 없다. 치료비를 보험사에서 받으니 이곳저곳 치료를 해주고 돈을 청구한다. 보험사는 이런 종류의 보험상품을 경쟁적으로 매년 내놓는다. 보험설계사의 말을 들으면 당장 보험에 들지 않으면 손해를 볼 것 같다. 이렇게 영문도 모른 채 가입한 보험이 대부분이다.

최근 병원에서 암 진단을 받은 후배를 만났다. 그런데 생각보다는 후배녀석의 표정이 그리 나쁘지 않아 보였다. 평소에 들어놓은 암보험 때문이었다. 그는 보험을 들면서 은근히 암을 기다린 것인지도 모른다. 보험이라는 게 내 몸이 아파야만 혜택을 받을 수 있다. 평소 건강을 관리한다면 굳이 보험이 필요 없다. 보험만 믿고 건강을 팽개친다면 차라리 보험을 들지 않은 편이 낫다. 우리나라는 어지간한 병은 건강보험에서 90% 이상 보장해준다. 특히 암 같은 중증 병은 95% 이상을 국가에서 부담한다. 우리나라는 병원 가기가 편의점 가는 것만큼이나 쉬운 나라다. 그러다 보니 보험을 믿고 운동을 게을리하며, 술을 자주 마시고 담배도 피운다. 보험을 드는 대신 생활습관을 바꾸고 내 몸부터 관리하는 편이 훨씬 유익하다. 보험회사들은 하나같이 퇴직 이후 나이가 들수록 병원에 더 가야 한다고 말한다.

하지만 나이가 들수록 병원에 입원하는 것을 조심해야 한다. 병원에 며칠만 누워 있어도 근육이 급속하게 줄어들어 더 큰 병을 가져오기 때문이다.『누우면 죽고 걸으면 산다』라는 책의 저자 화타 선생은 늘어나는 요양병원 때문에 많은 노인이 죽어가고 있다고 안타까워한다.

보험은 미래에 다가올 만일의 사태에 대비해 매월 돈을 내는 것이다. 미래의 삶도 중요하지만, 현실이 더 중요하다. 지금 당장 쓸 돈이 부족한데 미래를 위해 보험을 드는 것은 다시 생각해봐야 한다.

재설계 전 보험료	재설계 후 보험료
· 암보험 270,000원 · 실손보험 220,000원 · 퇴직연금 160,000원 · 상조회 80,000원 · 상해보험 95,000원 · 변액보험 250,000원 · 부부행복보험 110,000원	· 암보험 90,000원 · 퇴직연금 160,000원
계 1,185,000원	계 250,000원
보험료 절감비용 935,000원	

▲ 보험료 재설계 전후 비교

할부, 세금, 기름값, 주차비
돈 먹는
하마
자동차

'**자동차의** 크기는 국토의 면적에 비례
한다.' 세계적으로 통용되는 상식이다. 국토가 비좁은 일본이나 유럽을
보더라도 도로에는 소형차가 대부분이다. 반면 국토가 넓은 미국은 말할
것도 없고, 소득이 낮은 중국마저도 큰 차를 선호한다. 하지만 한국은 예
외다. 나라는 좁은데 유독 큰 차를 고집한다. 차가 크면 차값은 물론 연료
가 많이 든다. 세금도 훨씬 많이 낸다.

나는 오래된 대형차를 폐차시키면서 대신 아담한 소형차를 구매했다.
자동차 영업사원이 권한 차는 당연히 대형차였다.

"원장님 정도면 이 정도는 타고 다녀야죠."

그는 나의 자존심을 자극하면서 대형차를 권했다. 예전 같으면 그가
추천한 차를 구매했을 것이다. 그렇지만 나는 내 소신껏 선택했다. 매번
차를 탈 때마다 그때의 선택이 옳았다는 것을 느끼게 된다. 무엇보다 차
에 대한 집착이 사라졌다.

값비싼 대형차를 가지고 있으면 주차에서부터 신경을 쓸 게 한둘이
아니다. 행여 차에 작은 스크래치라도 날까 봐 내심 신경을 쓰고 있었던
것이다. 아내가 운전할 때면 매번 차 조심하라고 잔소리를 해야 했다. 속
좁게도 아내에게 안전운전보다 차에 손상이 갈까 봐 조심하라고 한 것이
다. 그것은 차에 대한 나의 집착 때문이었다. 그런데 차값이 1,700만 원이

채 안 되다 보니 차를 누가 타든 신경에 거슬리지 않게 되었다. 당연히 차가 작으니 기름값도 적게 든다. 대형차는 항상 손 세차를 했었다. 이제는 주유하면서 자동세차기를 이용한다. 한 달에 드는 비용을 생각하니 전에 탔던 대형차의 절반도 채 되지 않는다.

1980년대에는 자가용을 가진 사람이 열 집에 한 집 정도였다. 지금은 한 집에 한두 대씩 가지고 있다. 매달 나가는 자동차 할부금에 기름값까지 가계에 큰 부담이다. 우리나라는 대중교통이 잘 발달한 나라이다. 택시비도 저렴한 편이다.

강의 때마다 빼놓지 않은 질문이 있다. '택시비로 5만 원을 지급해 본적이 있느냐?'라고 질문을 한다. 5만 원이 아니라 2만 원도 지급해본 사람이 드물다. 주유소에 가서 기름은 5만 원, 7만 원씩 쉽게 넣으면서 택시비는 아까워한다. 한 달에 택시비로 20만 원만 쓰면 기사가 딸린 자가용처럼 차를 탈 수 있다. 굳이 차가 없어도 되는 것이다. 그런데도 대부분 사람은 소유욕과 편리함에 끌려 차를 갖게 된다.

자동차 2대 소유	자동차 1대 소유
· 할부금 670,000원 · 보험 200,000원 · 연료 400,000원 · 정비 유지 100,000원	· 할부금 350,000원 · 보험 100,000원 · 연료 200,000원 · 정비 유지 50,000원 · 대중교통 200,000원
계 1,370,000원	계 900,000원
자동차 절감 후 비용 470,000원	

▲ 자동차 정리 전후 비교

나는 신입사원 강의 때마다 절대 할부로 차를 사지 말라고 강조한다. 할부로 차를 사는 순간 금융사에 빨대를 꽂아주고 끌려다니게 된다. 한두 달 급여 정도의 금액으로 중고차를 구매하면 가장 적당하다. 물론 부모로부터 물려받은 재산이 수십억이 넘는 사람은 새 차를 사도 된다.

검소하기로 이름난 독일의 경우를 보자. 대부분 가정에서 고등학교 때부터 내가 물려받을 자동차 주인을 선택한다. 가끔 세차도 도와주고 차를 같이 타면서 그분과 친해지면서 물려받을 차와도 친숙해진다. 차를 물려줄 분이 여유가 있는 분이라면 폐차 직전까지 가지 않더라도 적당한 때에 차를 물려준다. 나 역시 아들에게 내가 타던 차를 물려주었다. 아마 5년은 더 탈 수 있을 것이다.

아파트 대출금, 학원비

30년 전에 비해 새로운 지출항목으로 아파트 비용(대출금)을 빼놓을 수 없다. 그 시절에는 재형저축이라는 게 있었다. 5년가량 저축을 하면 은행대출 없이도 아파트를 살 수 있었다. 당시 가계 저축률은 30%대로 세계 2위였다. 모두가 저축해서 그 돈이 모이면 아파트를 샀던 것이다. 하지만 지금은 은행대출금으로 집을 산다. 가계부채 세계 6위가 된 이유다. 그만큼 매달 지출하는 아파트 대출금이 가계를 압박하고 있다. 건설업자들과 금융업자들에 끌려다닌 결과다.

외국인들이 우리나라를 방문하면 가장 놀라는 게 아파트다. 전 국민의 65%가 아파트에 사는 나라다. 언제부터인지 내 집 마련은 서민들의 꿈이 되어 버렸다. 여기서 끝이 아니다. 아파트 크기에 따라 신분을 결정하는 분위기를 만들었다.

"몇 평에 사는데?"

주부들의 자존심이 아파트 평수에 의해 결정되기도 했다. 주부들이 우리나라 아파트 시장을 끌고 가는 이유다. 큰 아파트에 살면 크고 여유로워 좋다. 하지만 크기에 비례해서 많은 돈이 들어간다. 청소하기도 정리도 힘들다. 큰 공간에 살림을 채우려니 늘 부족의 심리에 허덕인다.

내 아내도 여느 가정처럼 평생을 아파트 평수 늘리기에 재미를 두고 살아온 주부다. 15평에서 시작한 아파트는 55평까지 늘었다. 평수가 조금씩 넓어질 때마다 가족의 행복도 커진 것처럼 보였다.

지금 생각하면 정반대였다. 15평에서 온 가족이 올망졸망 살을 맞대고 살 때가 행복했다. 큰집으로 옮기고 각자 내방이 생기면서 서로가 멀어졌다. 운동장 같은 거실에 모여도 가족 간의 거리는 여전했다. 최근 아내와 나는 의논 끝에 작은 아파트로 이사하기로 했다. 순전히 더 나은 삶을 위해서였다.

새로 이사를 한 25평 아파트는 그전 아파트와 비교하면 절반도 안 되는 것 같았다. 집이 좁으니 그전에 있던 물건도 거의 버려야 했다. 작은 집으로 옮기자 처음에는 아이들의 불만도 있었다. 하지만 금세 적응을 했다. 공간이 좁으니 가족 간의 거리도 좁혀졌다. 청소하기도 수월하고 관리비도 적게 나오니 경제적 여유도 생겨 온 가족이 국외여행 계획도 세웠다. 단지 아파트 크기를 줄였는데 삶은 몰라보게 좋아졌다.

마지막으로 '학원비'다. 그 시절에는 학원비, 사교육비는 거의 없었다. 지금은 초등학교 1학년 때부터 학원에 보낸다. 학원비만 50만 원에서

100만 원을 넘는다. 지출이 가장 많은 아파트 대출금과 학원비는 재설계 전과 후, 지출 비교를 생략했다. 지역마다, 개인마다 차이가 커서 비용을 비교하기가 쉽지 않기 때문이다.

문제는 이들 상품들을 내가 선택한 것이 아니라, 나도 모르는 사이 누군가에 끌려서 선택했다는 것이다. 이 비용이 가구당 평균 200만 원을 넘는다.

지출항목	끌고 가는 자 (이익을 챙기는 자)	끌려가는 자 (비용을 내는 사람)
아파트 대출금	건설사, 은행	아파트에 사는 사람
보험료	보험사, 은행	가입자
학원비(교육비)	학원, 온라인 학원	학생, 학부모
자동차구매·유지비	유류회사, 자동차회사	자동차 이용자
통신비	통신사, 전자회사	통신 이용자

▲ 가계지출 1~5위까지

매월 꼬박꼬박 고정으로 나가는 돈이다 보니 살림은 늘 팍팍하다. 그만큼 우리 삶은 힘들어진다. 가족끼리 외식 한번 하기도 버겁다. 여행은 꿈도 못 꾼다. 사람들이 지갑을 잠그니 장사하는 사람들이 죽을 맛이다. 자영업자들의 폐업이 줄을 잇는다. 일본의 잃어버린 20년은 소비가 줄면서부터 시작했다. 우리도 그 뒤를 그대로 따라가고 있다. 일본은 가계보다 기업의 부실로부터 시작했다. 가계경제는 건실했다. 우리는 반대로 기업은 건실한데 가계가 문제다. 더 큰 폭탄을 안고 있는 것이다.

여기에 이들 다섯 가지 비용은 자동으로 통장에서 빠져나가도록 너나 없이 자동이체 방식을 선택했다. 내가 버는 돈에 상관없이 매월 통장에서 자동으로 빠져나간다. 이런저런 사정도 봐주지 않는다. 당장 모든 요금의 자동이체부터 중단하고 청구서를 한번 받아보라. 그리고 꼼꼼히 따져보라. 어떤 경우는 항목도 모르는데 자동으로 나가는 돈이 있을 정도다.

　나는 몇 년 전부터 이들에 관한 지출을 재설계했다. 덕분에 매월 150만 원 정도를 절약할 수 있었다. 내 강의를 듣고 많은 가정이 매월 100만 원 이상을 어렵지 않게 절약하고 있다. 이들 다섯 가지를 재설계하였기에 가능했다. 돈을 많이 벌기에 앞서 그중 두세 가지만 설계를 잘해도 우리의 삶은 절대 힘들어지지 않는다.

　이렇게 해서 지금보다 한 달에 100만 원의 여윳돈이 생긴다면 당신의 삶은 확 바뀐다. 그 돈을 절대로 은행에 저축하지 말고 나와 가족을 위해서 써야 한다. 외식도 하고 쇼핑도 하고 여행도 다니면서 여유를 가져보라. 이제 당신은 돈 걱정에서 벗어나게 될 것이다.

인터넷보다
세탁기

　　'**인터넷**'은 인류의 삶을 송두리째 바꾸어 놓았다. 전기의 발명 이상으로 우리의 삶에 많은 영향을 주고 있다. 그런데 이 두 가지를 언뜻 비교해보면 비슷한 것 같지만, 확연히 다르다. 전기는 인간 누구에게나 유익하다. 가난한 사람들과 서민들에게는 더욱 그렇다. 가정에 에너지를 공급하고 삶을 윤택하게 하기 때문이다. 반면에 인터넷은 전혀 다르다. 우리의 삶이 힘들어지게 된 중심에는 바로 인터넷이 있기 때문이다.

　　『사다리 걷어차기』저서로 잘 알려진 영국 케임브리지 대학의 장하준 교수는 『그들이 말하지 않는 23가지』(23 Things They Don't Tell You About Capitalism)라는 저서에서 이를 잘 설명하고 있다. 대부분 사람은 인터넷이 인류의 삶을 유익하게 발전시켰다고 생각한다는 것이다. 그래서 못사는 나라에 인터넷을 설치하고 컴퓨터를 보급하는 것이 그들에게 도움을 준다고 생각한다는 것이다.

　　그러나 그들에게 정작 필요한 것은 인터넷이 아니라, 빵 한 조각이며 먹을 물이 더 급하다. 만약 전기가 들어온다면 그들에게는 인터넷보다 세탁기나 냉장고나 더 필요하다는 것이다. 결국, 장 교수는 인터넷보다 세탁기가 세상을 더 유익하게 바꾸었다고 말한다.

인터넷은 전기와 같이 주변기기가 있어야 활용할 수 있다. 그 때문에 스마트폰이 나오기 전까지는 인터넷을 주로 PC에서만 사용했었다. 사무실에서 업무용도로 사용하거나 가정에서 학습용으로 사용했다. 마치 전기가 발명된 초기에는 주로 불을 밝히는 전구에 사용된 것과 같다. 그러다 보니 인터넷을 통해 수익을 낼 수 있는 사업영역이 제한적이었다.

결국, 인터넷은 정보통신 대기업이나 할 수 있는 사업영역이었다. 이때까지만 하더라도 인터넷은 우리에게 유용한 역할을 했다. 그런데 인터넷의 주변기기가 PC에서 개인이 휴대할 수 있는 휴대폰으로 바뀌었다. 스마트폰이 등장한 것이다. 이때부터 인터넷은 새로운 전환기를 맞는다.

당신은 인터넷을 통해 무엇을 얻고, 무엇을 빼앗기고 있는지 생각해보아야 한다. 당신의 삶이 인터넷으로 인해 윤택해졌는지 아니면 더 나빠졌는지 생각해보자.

끌어들이기
전쟁터

물고기가 물을 만난 듯 인터넷이 스마트폰을 만나고부터 인터넷 공간은 전쟁터가 되었다. 스마트폰을 가지고 있는 사람들을 대상으로 한 사람이라도 더 끌어들이기 위해 온갖 방법을 동원한다.

누군가 제공하는 낚시에 걸려 나도 모르게 손가락을 누른다. 그러다 보면 아무짝에도 쓸모없는 정보를 전부 다 뇌에 담는다. 많은 이들과 SNS를 하면서 엉뚱한 곳에 에너지를 낭비한다. 게임을 하고 쇼핑몰에 들어가 이곳저곳을 기웃거리게 된다. 이때부터 나는 그들에게 끌려다니는 신세가 된다. 이렇게 할 일 없이 가상공간에서 끌려다니는 시간이 1인당 하루 평균 4시간 30분을 넘는다. 특별히 돈이 들어가지 않기 때문이기도 하다. 하지만 우리는 그 시간만큼 에너지를 소비하게 된다. 이 에너지는 곧바로 돈으로 환산되어 누군가의 호주머니로 들어간다.

스마트폰은 보이지 않는 족쇄나 다름없다. 누군가에 의해 언제든지 끌려갈 수 있기 때문이다. 지금 이 순간에도 드넓은 디지털 공간에서는 서로 끌어들이기 전쟁을 하고 있다. 네이버나 다음, 구글 등 포털사이트들은 한 사람의 회원이라도 더 끌어들이기 위해 밤낮으로 연구하고 있다.

한때 영화를 누렸던 야후나 라이코스, 싸이월드 등은 이들과의 전쟁에서 패하고 자취를 감추었다. 카카오나 페이스북 등 SNS 업체들 역시 전쟁터에서 더 넓은 땅을 차지하기 위해 갖는 방법을 동원하고 있다. 애니팡 같은 공짜 게임으로 유혹을 하여 회원수를 늘리는 것은 기본이다.

이들은 일정한 영토(사용자, 회원)가 확보되고 갑의 위치를 확실하게 잡았다 싶으면 감추었던 본색을 드러낸다. 이때부터는 자기들 마음대로 끌고 다닌다. 좋은 명당자리를 두고 업종별로 광고비 경쟁을 시킨다. 높은 가격을 내는 업체를 최고 명당에 올린다. 뉴스기사를 배치하는 것도 마음대로 한다. 인터넷이 나오기 전 큰소리쳤던 기자들도 그들에게 머리를 조아려야 한다.

최근 국회에서는 사이버골목상권 침해문제를 들고 나왔다. 네이버의 온라인 부동산 갑질을 예로 들어 대책을 마련하자고 목소리를 높였다. 네이버는 우수중개업소라는 이름으로 광고료를 받아 왔다. 그런데 이제는 중개사 개개인에까지 등급을 정하고 중간에서 수수료를 챙긴다는 것이다. 거대 포털이 소상공인들의 생살여탈권마저 좌지우지하려 하고 있다는 위기감에 국회가 나선 것이다. 그러나 이들에게 무소불위의 힘을 준 것은 놀랍게도 우리다. 스마트폰이라는 소총을 들고 그들의 충실한 병사가 되어 열심히 싸워준 덕이다.

자고 일어나면 새로운 기능을 탑재한 스마트폰은 전쟁을 더 치열하게 만든다. 1년 전 모델은 구닥다리라고 소비자들의 자존심을 한껏 자극한다. 여기에 뒤질세라 통신업체도 가세했다. 2G에서 출발한 속도 경쟁은 이제 5G라는 제품을 내어 놓았다.

일반 소비자는 2G나 5G의 차이가 무엇인지 알지도 못한다. 막연하게 새로운 제품이 좋을 것으로 생각하고 새로운 상품을 구매한다. 이제 6G, 7G가 나와 우리를 유혹할 것이다. 통신업체, 스마트폰 제조사, 포털사이트(Portal Site)는 전쟁터에서 서로의 이익을 공유하는 공생의 삼각구도를 구축하고 있다. 덕분에 평화롭던 유튜브마저 최근 들어 가장 치열한 전쟁터가 되었다. 조회수에 따라 광고수익이 결정되기 때문이다. 크리에이터들은 조회수를 높이기 위해 온갖 수단을 동원한다.

그러다 보니 주체성이 부족할수록, 할 일이 없는 사람일수록 그들의 충직한 병사가 되기 쉽다. 최근에는 할 일 없는 노인들이 경로당이나 파고다공원 대신 이들의 병사가 되었다. 유튜브나 가짜뉴스를 보는 일등공신이 노인들이기 때문이다.

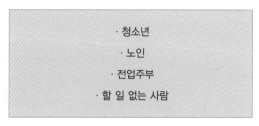

· 청소년
· 노인
· 전업주부
· 할 일 없는 사람

▲ 끌어당기기 쉬운 대상

최상위
포식자

카카오는 국내 SNS의 선두주자다. 공짜라는 점에 가입자가 폭발적으로 늘었다. 서로 간에 정 나누기를 좋아하는 한국인의 정서에 꼭 맞았다. 뒤늦게 라인이나 틱톡 등 더 좋은 콘텐츠를 갖춘 SNS가 나왔지만, 카카오의 아성을 무너트리기에는 역부족이다.

단기간에 5천만 개의 빨대를 꽂은 카카오가 콜택시 기능을 추가했다. 콜택시 업계의 반발에도 택시기사들의 지원 덕에 카카오 택시의 출발을 막지는 못했다. 이 여세를 몰아 대리운전 시장에도 진출했다. 그러자 전국의 대리운전 업체들이 들고 일어났다. 여론을 의식한 카카오는 대리운전과 휴전을 하고 대신 카카오 카풀을 만들었다. 그러자 택시기사들이 삭발까지 하면서 농성에 들어갔다. 거대 SNS 기업의 어플 하나에 택시기사들의 밥줄이 끊기는 게 현실이다.

치킨이나 피자 등 음식을 주문할 때면 식당에 직접 주문을 한다. 그런데 언제부터인지 배달만을 전문으로 받아 주문을 대행해주는 배달앱이 생겨났다. 이들은 주문을 대신 받아주고 중간에서 통행세를 챙긴다. 18,000원 치킨 한 마리를 시키면 통행세로 2~3,000원을 지급해야 한다. 그동안 소비자만 보고 장사했던 식당들이 배달앱의 눈치를 보지 않을 수 없게 되었다. 배달앱을 이용한 고객이 늘다 보니 이곳에 가입하지 않을 수 없게 된 것이다. 가뜩이나 어려워진 자영업자들에게 새로운 짐이 하나 더 늘어난 셈이다. 그런데 가입자가 늘어 힘이 생기자 이들 역시 본색을 드러내기 시작했다. 맨 위 명당에 상호를 올려주고 높은 수수료를 챙긴다. 을의 위치에 있는 업체들은 서로 좋은 자리를 차지하기 위해 더 많은 돈을 내야 한다.

발품을 팔아야 하는 백화점이나 시장과 달리 인터넷은 최상위 1인자만 살아남는다. 디지털 공간의 특성상 많은 회원을 거느린 포털사이트만이 살아남을 수 있기 때문이다. 가입자나 이용자에 의해 결정되기 때문에 먼저 선점하는 게 유리하다.

옥션이나 G마켓보다 뒤늦게 전쟁터에 뛰어든 쿠팡은 매년 5천억 원의 많은 적자를 내면서도 혈투를 계속하고 있다. 이쯤 되면 1위 확보가 목표가 아니다. 상대가 쓰러지기를 바라는 치킨게임 수준이다. 덕분에 소비자는 싼값에 물건을 사고 로켓배송으로 당일 배송을 받는다. 지금은 을의 위치에 있는 쿠팡이 언젠가 경쟁자를 물리치고 갑의 자리에 올라설 때면 우리는 그에게 끌려다닐 것이다.

상권과
일자리를
뺏는다

서울에서 가장 장사가 잘되었던 곳이 이태원 골목이다. 경리단길로 유명해진 이태원은 전주의 객리단길, 경주의 황리단길 등 전국에 있는 ○○단길의 원조가 되었다. 그런 이곳이 요즘 폐업의 바람이 불고 있다. 그 원인을 두고 여러 가지 이야기가 나온다.

전문가들은 무엇보다도 SNS나 인스타그램, 블로그, 카페 등을 가장 큰 이유로 꼽는다. 인터넷에 맛집이나 특별한 집으로 알려지면 사람들은 많이 몰려오지만 그만큼 수익으로 직접 연결되지는 않는다. 그야말로 소문난 집에 먹을 것 없는 것이다. 거기에 매일매일 손님이 있는 것이 아니라 주말 특정 시간대에 몰린다. 정작 사람들은 돈은 쓰지 않고 눈으로 보고 사진만 찍고 가버린다.

건물주들은 이때다 싶어 임대료를 올려 받는다. 임대료는 높은데 생각 만큼 장사는 되지 않는다. 오프라인과 달리 온라인의 인기는 모닥불과도 같다. 소문은 유행처럼 지나가고 손님들의 발길이 끊기면 가게는 하나둘 문을 닫는다. 임대를 들어와 장사하는 사람뿐만 아니라 건물주도 부동산 하락으로 손해를 보게 된다. 인터넷이 온라인이 아닌 오프라인의 상권마 저 몰락시키고 있다.

전문가들은 이 같은 경우를 상업형 젠트리피케이션(Gentrification)이라 고 말한다. 젠트리피케이션은 영국의 사회학자 루스 글래스가 주장한 이 론이다. 서민들이 사는 지역이나 특정 지역에 자본이 몰리면 임대료가 상 승하게 된다. 결국, 이곳에 살던 원주민은 다른 곳으로 쫓겨날 수밖에 없 는 현상을 말한 것이다.

요즈음 어디를 가나 일자리 창출이 최대과제다. 청년실업이 가장 큰 문제다. 그런데 현실을 보면 쉽게 해결될 것 같지 않다. 일자리가 줄어드 는 중심에는 '인터넷'이 있기 때문이다.

인터넷은 여러 사람이 하던 일을 혼자 할 수 있게 해준다. 덕분에 일 자리가 많이 줄었다. 우선 주변에서 쉽게 볼 수 있는 게 은행이다. 은행은 사람 대신 곳곳에 무인 현금출납기기를 설치하였다. 은행에 오지 않고 인 터넷으로 은행 일을 보는 고객을 우대했다.

반대로 은행에 오는 손님은 홀대를 받는다. 영업장에 있는 의자도 없 애고 고객을 응대하는 일선 창구 수도 줄여 일부러 고객을 기다리게 만 들었다. 그러자 은행 직원은 줄고 수입은 늘었다. 2018년 시중은행은 순

이익이 20조를 넘길 것 같다. 주주들은 돈방석에 앉고 은행직원들은 두둑한 보너스에 표정관리에 들어갔다. 20조 원이면 연봉 5천만 원 받는 직원을 40만 명이나 채용할 수 있는 큰돈이다.

은행뿐만 아니라 대부분 기업은 인터넷 덕분에 사람을 쓰지 않게 되었다. 오히려 인력을 줄여도 일처리를 더 효율적으로 할 수 있게 되었다. 출장을 가지 않아도 업무를 볼 수 있게 되었다. 한자리에 모여 회의를 할 필요도 없게 되었다. 그만큼 일자리가 필요 없게 된 것이다.

인강(인터넷 강의) 덕분에 스타강사 한 사람이 수십만 명을 가르칠 수 있다. 이들 스타강사의 수입은 수백억 원을 넘는다. 이 때문에 수천 명의 학원강사가 일자리를 잃었다.

이처럼 인터넷은 원격학습, 원격회의, 무인경비, 무인자동화, 무인판매대 등 사람이 하던 일을 기계가 할 수 있는 환경으로 바꿔버렸다. 사람이 하는 일이 줄어들수록 기업의 이익은 늘었다. 인터넷이 그 누구에게는 돈다발을 안겨주었지만, 대다수 청년에게는 좌절과 포기라는 단어를 안겨준 것이다.

유혹에
쉽게
넘어간다

집 안에 포장도 뜯지 않은 제품이 있는데 왜 같은 제품을 또다시 사게 되는가. 사회심리학자인 니콜라 게겐(Nicolas Gueguen)이 쓴 『소비자는 무엇으로 사는가』란 책을 보면 잘 설명되어 있다. 소비자는 제품의 가격과 품질에 관계없이 제품을 선택하기 때문이다.

업자들은 시각을 자극하기도 하고 순간순간 가격을 할인하여 유혹하기도 한다. 서로 비교를 시켜서 은근히 경쟁심을 자극한다. '소유욕'과 '과시욕'을 자극하여 구매를 유도하기도 한다. 사람들 속에 감추어진 욕구를 끌어내어 지갑을 열도록 하는 것이다. 여기에 댓글 조작, 미끼 뉴스까지 더해진다면 보통사람이 합리적인 소비를 하기는 쉽지가 않다.

인터넷이야말로 소비자를 유혹하는데 더없이 좋은 공간이다. 그렇지만 이곳은 보이지 않는 전쟁터다. 이곳에서는 피도 눈물도 없다. 협상도 없다. 실시간으로 나타나는 클릭횟수, 방문자수, 회원수, 매출액, 댓글 등 총칼보다 더 참혹한 평가도구가 있을 뿐이다.

최근 유튜브에서는 7살짜리 꼬마 어린아이의 수입이 연 240억 원이나 된다는 소식이 화제가 되었다. 전 세계 수많은 꼬마가 녀석의 유튜브에 푹 빠져있기 때문이다. 조회수에 따라 광고수익이 결정되다 보니 가능한 일이다.

국내에서도 유튜브에서 높은 수익을 올리는 사람들이 점차 늘어나고 있다. 이들은 수백만 명의 구독자를 거느리며 이들에게 광고를 보여주고 돈을 벌고 있다. 이 시간에도 수많은 크리에이터들이 사람을 끌어들이기 위해 온갖 수단과 방법을 동원하고 있다.

P2P 파일 거래업체들 문제는 종종 언론에 등장한다. 이들은 인터넷 공간에서 파일을 서로 주고받으며 100원, 200원 정도를 결제해준다. 업체는 좌판만 깔아주고 수수료를 받는다. 판을 키우기 위해 호기심을 자극할 불법 동영상을 거래하도록 유도한다. 이들이 벌어들인 돈은 연간 수백억 원을 넘는다.

돈을 내지 않는데 무엇이 문제냐고 반문할지 모른다. 그러나 화면을 보는 순간 내 모든 정보가 새나가고 있다. 내가 무엇을 검색하는지 무슨 생각을 하는지 그들은 이미 다 알고 있다. 손끝을 가져다 대는 순간 즉시 나의 취향에 따라 상품이 조합된다. 즉시 내 눈앞에 상품을 내민다. 빅데이터를 분석하여 정보를 제공하는 기업들 덕분이다. 이들은 인터넷 이용자의 습성을 실시간으로 분석하여 원하는 것을 제공한다.

이제 갈수록 삶은 힘들어질 것이다. 대신 가장 위에서 빨대를 꽂고 있는 최상의 포식자들은 넘쳐나는 돈 때문에 표정관리를 하고 있을 것이다.

인터넷에
끌려다니지
않으려면

『집중의 기술 노이즈 캔슬링』(Noise Canceling)의 저자 요코야마 노부히로는 인터넷을 많이 사용하면 뇌가 암흑화 된다고 한다. 인터넷에 끌려다니다 보면 창의적인 생각을 할 필요가 없어지게 된다는 것이다. 그렇게 되면 창의적 사고를 담당하는 뇌는 그 기능을 잃고 점점 퇴화가 되어 결국 뇌가 암흑화 된다는 것이다. 나의 뇌를 멍청하게 만들지 않으려면 내 손에 있는 스마트폰과 소리 없는 전쟁을 해야 한다. 하지만 손안에 있는 작은 스마트폰과의 싸움에서 내가 이기는 것은 불가능하다.

기업들은 당신을 스마트폰 안에 붙들기 위해 수백 명이 모여 밤낮으로 연구하고 있기 때문이다. 그들과의 싸움에서 패배하지 않는 방법은 단 한 가지뿐이다. 그것은 싸움을 피하는 것이다.

▲ 인터넷에 끌려다니지 않기 위해

지금 세상은 우리를 상대로 끌어들이기 전쟁을 하고 있다. 그 누군가에 끌려다니지 않기 위해서는 상대보다 내 질량을 높여야 한다. 도박판에 끌려다니는 사람은 도박판을 깔아놓은 사람보다 수준이 낮아서 끌려다닐 수밖에 없다. 보험료 때문에 월급날 쩔쩔매는 사람은 보험설계사나 보험사보다 질량이 낮아서 그렇다.

신제품이 나올 때마다 매번 휴대폰을 새로 바꾸는 사람은 통신사보다 한 수 아래다. 돈에 이끌려 다니는 사람은 돈보다 질량이 낮아서 끌려다닌다. 홈쇼핑 화면에 눈을 떼지 못하고 전화기를 붙잡고 있는 사람은 그들보다 자신이 더 어리석기 때문이다. 마트에 가서 쇼핑카에 물건을 가득 싣고 포만감에 사로잡혀 있다면, 당신은 마케터의 손바닥을 벗어나지 못하고 쇼핑카와 함께 질질 끌려다니고 있는 것이다. 내 질량을 높이고 실력을 쌓으면 당신은 결코 그들에게 끌려다니지 않을 것이다.

냉장고에서
음식을
구하라

요즈음 대부분의 가정에서 사용하는 냉장고 용량은 보통 800리터를 넘는다. 1980년대 중반에는 200리터 정도였다. 그동안 우리나라 국민의 소득이 늘었고 살기가 좋아졌으니 냉장고가 커지는 것은 당연한 것 아닐까. 주부들에게 강의할 때면 가끔 질문한다.

"집에 냉장고가 커서 좋은 점이 무엇인가요?"

잠시 망설이던 끝에 맨 먼저 나온 답은 '음식을 많이 넣어서 좋다.'라는 것이다.

"다른 좋은 점은 또 없을까요?"

계속되는 질문에 그들은 더 이상 답을 하지 못한다.

"그럼 냉장고가 커서 나쁜 점은 어떤 것들이 있을까요?"

그들이 대답을 망설이는 사이 나는 몇 가지를 이야기한다. 우선 전기세가 많이 들어간다. 집 평수 중 두 평쯤을 더 차지한다. 당연히 더 큰 집이 필요하다. 싱싱한 식재료 대신 항상 재고품을 먹어야 한다. 큰 냉장고를 채우려니 대형마트에 가야 한다. 돈과 시간이 더 들어간다. 이 정도라면 굳이 큰 냉장고를 살 필요가 없을 것이다.

작은
냉장고를
쓰다

나는 직장에 다니는 딸아이와 함께 집을 떠나 몇 년을 생활해야 했다. 300리터 이상 큰 냉장고를 고집하는 딸을 설득한 끝에 100리터짜리 소형 냉장고를 구매했다.

그리고 3년 이상을 그 냉장고로 생활했다. 처음에는 불편했지만 한 달도 채 안 되어 딸은 작은 냉장고에 익숙해졌다. 어지간한 반찬은 3일 이상 보관하지 않게 되었다. 음료수나 채소, 과일은 넣을 공간도 없다. 반찬 가짓수도 자연스럽게 줄어들었다. 그러자 생활비도 줄어들었다. 당장 냉장고 크기를 절반으로 줄여보라. 부엌이 훨씬 넓어질 것이다. 매일매일 싱싱한 먹거리에 건강해진다.

내친김에 아내를 설득하여 집에 있는 냉장고까지 200리터로 바꾸었다. 이 정도라면 30년 전 결혼할 때 아내가 혼수로 준비해온 냉장고 크기와 같았다. 처음에는 여간 불편한 게 아니었다. 그러나 불편함에 익숙해지기 시작했다. 우선 마트에 가서 시장을 볼 때 식품을 많이 사지 않았다. 냉장고에 넣을 공간이 없기 때문이었다. 채소나 과일 등은 냉장고 대신 부엌 한쪽에 따로 보관했다.

가족 모두가 냉장고에 무엇이 있는지 훤히 알게 되었다. 냉장실 한쪽을 가득 채웠던 음료수나 우유, 요구르트 등은 어느새 자취를 감추었다. 가장 큰 변화는 냉동실이었다. 예전에는 냉동실에 이런저런 음식으로 가늑 채워져 있었나. 그런데 냉장고가 작아진 이후 냉동실에는 거의 채울 게 없었다. 시장을 보는 스타일도 하루가 다르게 바뀌었다.

음식을 오래 보관하지 않으니 가족 모두가 싱싱한 음식을 먹게 되었다. 단지 냉장고 크기만 줄였는데 그 결과는 놀라웠다.

200리터 냉장고	800리터 냉장고
·공간을 적게 차지한다. ·싱싱한 음식을 먹는다. ·전기세가 적게 든다. ·재고품이 없다. ·식료품값이 적게 든다. ·인스턴트식품을 덜먹게 된다.	·식품을 많이 보관하여 식품창고처럼 쓸 수 있다. ·시장에 자주 안 가도 된다. ·냉장고를 볼 때마다 포만감이 든다.

▲ 냉장고 용량별 좋은 점 비교

냉장고 속의
비밀

여기에 〈KBS 과학카페 냉장고〉 제작팀이 파헤친 냉장고의 속을 들려다 보면 당장 냉장고를 없애고 싶을 것이다. 그들은 냉장고의 숨겨진 진실을 찾아 과학적인 실험을 거친 후 『욕망

하는 냉장고』라는 책을 출간했다.

화장실 변기와 냉장고 중 어디가 더 더러울까. 대부분 화장실 변기가 더러울 것으로 생각할 것이다. 그들은 실험을 토대로 충격적인 결과부터 공개한다. 같은 면적을 비교해보니 화장실 변기보다 냉장고 안에 세균이 평균 10배 이상 더 많았다. 흙이 묻은 채소가 드나드는 칸은 변기와 비교하면 최대 만 배가 넘은 경우도 있었다. 균의 종류를 보니 더 충격적이다.

대장균을 포함해 식중독을 일으키는 포도상구균이 가장 많았다. 여기에 각종 질병을 일으키는 바실러스균(시리우스 종)과 슈도모나스균까지 검출되었다. 신선한 음식을 저장하는 냉장고가 질병을 옮기는 저장고 역할을 한 것이다.

제작팀은 음식창고로 변해버린 냉장고에 얼마만큼의 음식이 들어있는지 실험을 했다. 무작위로 평범한 가정을 선정한 후 냉장고에 있는 음식만으로 며칠을 먹을 수 있는지 실험을 했다. 참여자들은 2주일 정도 먹으면 될 거로 생각했지만, 실험결과 40일 정도 먹을 수 있었다. 평범한 가정은 한 달 반 분량의 식품을 냉장고에 보관하고 있는 것이다.

그들은 냉장고가 식품창고가 될 수밖에 없는 이유도 여러 방면에서 찾았다. 무엇보다 가전제품 회사들의 공격적인 마케팅을 첫 번째 원인으로 꼽았다. 잘 진열된 냉장고 칸칸에서 여유롭게 야채를 꺼내는 광고 속 모델을 보면서 큰 냉장고를 갖게 되면 자신도 그렇게 될 것으로 생각한다.

그다음은 대형마트를 들었다. 그들은 소비자의 충동구매를 위해 온갖 수법을 다 쓴다. 물건을 많이 사라고 쇼핑카트도 크게 만들었다. 여유롭게 물건을 사라고 시계도 없앴다. 중간마다 시식코너를 마련하여 배고프지 않고 넉넉히 쇼핑할 수 있도록 배려를 했다. 다른 걱정 안 하고 쇼핑에만 몰입할 수 있도록 음악도 선곡을 해서 적당한 볼륨으로 준비를 했다.

매장에 있는 수백 대의 CCTV를 통해 손님들이 어디에서 많이 머무르는지 어디를 그냥 지나치는지 분석하도록 전문 마케터까지 대기시켰다. 반짝 세일에 묶음 세일까지 지금 사면 횡재하는 것 같다. 쇼핑카트에 식품을 가득 싣고 마트를 나온다. 집에 큰 냉장고가 있으니 걱정이 없다. 대형 냉장고 속에 집어넣으면 그만이기 때문이다.

당신이 대형마트에 들어가서 10분 이상의 시간이 지나면 그때부터는 쇼핑카와 함께 마트에서 이끄는 대로 끌려다녀야 한다. 그들에게 끌려다니다 보면 어느새 쇼핑카를 가득 채운 채 계산대 앞에 서게 된다.

냉장고에서 음식을 구하라

'냉장고에서 음식을 구하라!'(Save food from the fringe)를 주제로 세계 각국에서 강연하는 등 활발한 활동을 하는 사람이 있다. 유럽에서 공부하며 『사람의 부엌』이라는 책을 출간한 류지현 씨다.

그녀는 주부 입장에서 냉장고 없는 부엌을 찾아서 다양한 활동을 하는 사람이다. 유럽에서 생활하는 그녀는 유럽에 있는 가정 역시 한국과 다를 바 없이 음식물로 가득 차 있는 것을 보게 된다. 그녀는 KBS 과학탐사대와는 다른 시각에서 냉장고를 보았다.

부엌의 가장 중심부 자리를 차지한 냉장고가 언제부터 음식을 몽땅 보관하게 되었는지, 그리고 수천 년을 이어온 전통방식의 음식보관 방식을 어떻게 밀어내 버렸는지 연구했다. 그녀는 세계 곳곳의 부엌을 찾아다니며 음식을 어디에 어떻게 보관하는지 조사하였다. 냉장고가 없던 시절 여러 나라의 주부들은 어떻게 음식을 보관했을까. 마트에서도 냉장고에 보관하지 않는 달걀마저 왜 냉장고에 집어넣어 신선도를 떨어트리는지 그 이유를 찾아 나섰다.

그녀에 의하면 달걀뿐만이 아니라 과일이나 채소는 냉장고에 들어가면 숨을 쉬지도 못하고 죽어간다고 한다. 온도가 10℃ 이하로 내려가면 동상을 입게 되어 과일이나 채소 맛이 떨어진다.

그녀가 찾아낸 아이디어는 과일이나 채소를 냉장고가 아닌 선반에 보관하도록 전용선반을 만드는 것이었다. '지식의 선반'(Knowledge shelves)이라는 이 아이디어는 유럽에서 공부한 그녀의 석사학위 논문주제가 되었다. 이 제품을 사업아이템으로 정하고 크라우드 펀딩을 계획하고 있다.

나는 그녀의 책을 읽고 나서 당장 실행에 옮겨보기로 했다. 냉장고 안에 있는 과일이나 채소를 꺼냈다. 그리고 부엌 한쪽 벽에 작은 선반을 만들고 여기에 과일과 채소를 옮겨놓았다. 사과며 레몬, 당근, 고구마, 대파 등 채소 선반에 잘 정리해 놓으니 화분 못지않게 어울리면서 살아 숨 쉬는 것처럼 느껴졌다. 내친김에 장식장 한쪽을 치우고 음식물 보관 공간을 늘렸다. 김치통도 꺼내서 바깥 베란다 구석으로 옮겼다. 냉장고 안이 텅텅 비어갔다. 가끔 우리 집을 방문하는 손님은 과일 선반을 보고 신기한 듯 이유를 묻곤 한다.

냉장고의 존재이유는 신선한 음식을 먹기 위해서다. 이를 위해 가장 좋은 방법은 음식을 냉장고에 넣지 않고 바로바로 구매해서 먹는 방법이다. 미국의 한 경제학 교수가 한국에서 한 달간 머물 기회가 있었다. 그는 한국에서 대형 냉장고가 많이 팔리는 것을 보고 신기해했을 뿐만 아니라 놀라워했다고 한다. 5분 거리마다 편의점에 마트, 시장까지 즐비한데 왜 냉장고를 구매하느냐는 것이다. 미국은 마트에 가려면 한 시간 이상 차를 타고 가야 한다. 대부분 한 달분 시장을 한꺼번에 본다. 그래서 대형냉장고, 대형마트가 필요하다. 우리나라는 미국과 환경이 다른 데에도 미국방식을 그대로 따라왔다.

『마트를 창고로 생각하라』의 저자 요스미 다이스게 씨는 24시 편의점을 언제나 활용할 수 있는 창고로 생각하라고 권한다. 나 역시 우유나 음료수, 간단한 생필품은 거의 편의점을 이용한다.

특히 아이스크림이나 즉석식품은 절대 냉장고에 보관하지 않고 편의점을 이용한다. 가까이 있는 편의점을 잘 활용하면 생필품 창고를 하나 가지고 있는 것과 같다. 굳이 큰 냉장고가 필요 없다. 대형마트에 가서 물건을 많이 사는 일도 적어진다.

도덕경에 오미구상(伍味口爽)이라는 말이 나온다. 맛있는 것만 탐하다 보면 입맛을 잃게 한다는 뜻이다. 큰 냉장고 속에 온갖 맛있는 음식으로 채우고 싶은 게 인간의 욕망이다. 덕분에 당신의 냉장고에 빨대를 꽂은 이들은 지금 이 순간도 통장에 자동으로 쌓여가는 돈 때문에 미소를 짓고 있다.

거실에
작은
TV를

냉장고가 커지면서 덩달아 커지고 있는 게 TV다. 브라운관 TV가 사라지고 벽걸이 TV가 나오면서부터 하루가 다르게 화면이 커지고 있다. 어지간한 집이면 50인치를 넘는다. 이 정도 크기면 거실 한쪽 벽면을 차지한다. 마침 케이블방송, 홈쇼핑 방송, IPTV 등 수백 개의 채널이 우리를 유혹하고 있다.

대부분 가정은 거실에 들어서면 TV를 보고 소파에 앉는 구조다. 리모컨을 누르는 순간 모든 가정이 TV에 끌려다닌다. 시청률에 목숨을 건 방송사들은 화면 속에 당신을 끌어당기기 위해 온갖 수단을 동원한다. 막장 드라마, 자극적인 코미디, 쇼킹한 뉴스, 스타들의 출연 등 시청자를 놓고 끌어들이기 전쟁을 벌인다.

큰 화면과 편안한 소파, 그리고 수백 개의 채널을 마음대로 선택할 수 있는 리모컨까지 손안에 있다. 당신은 이제 목줄을 맨 강아지 마냥 이리저리 끌려다니게 된다. 당신의 영혼마저 그들이 만든 프로그램에 점점 물들어 간다.

모 신문사에서 '거실에 TV 없애기 캠페인'을 벌인 적이 있다. 캠페인에 참여한 가정을 추첨하여 거실을 서재로 꾸며주는 행사까지 벌이다 보니 많은 사람이 참여했다. 그렇지만 거실에 TV를 없애기란 쉽지가 않다. 여기에 TV의 좋은 기능을 생각한다면 더욱 그렇다.

나는 작은 아파트로 이사하면서 이 문제를 고민했다. 거실은 좁은데 TV는 그대로 옮겨놓으니 집은 더 좁아 보였다. 아내와 의논 끝에 거실에 TV를 없애는 대신 크기를 줄이기로 했다. 55인치를 30인치로 줄였다. 벽에 걸지 않고 거실 장식장에 스탠드 형식으로 놓았다. 화면에 가려 좁아 보였던 거실이 갑자기 넓어 보였다. "생각보다 좁지 않네!" 집에 찾아오는 사람마다 거실소파에 앉아 하는 이야기다.

큰 냉장고와 큰 아파트 같은 재산의 소유는 돈도 많이 들지만, 집착을 가져오는 게 더 큰 문제다. 당신이 20억짜리 아파트에 살고 있다면 삶은 그 속에 갇히게 된다. 비싼 집에 대한 집착 때문이다. 단칸방에서 살 때나 20억짜리 집에서 살 때나 집에 대한 당신의 생각에 변함이 없어야 집착도 사라진다. 100리터 냉장고를 두고 살림을 할 때와 800리터 냉장고를 두고 살림을 할 때를 비교해 당신의 의식에 변함이 없는지 살펴보라. 당신이 대형차를 타고 다니든지 소형차를 타고 다니든지 당신의 자존감에 아무런 변화가 없다면 당신은 소유라는 집착에서 벗어난 것이다. 아직 성숙하지 못한 사람들이나 부족한 환경에서 자란 사람들이 유달리 집착에 강하다. 어린아이가 인형이나 장난감에 집착하는 것도 같은 이치다. 누구나 행복한 삶을 원한다면 집착에서 벗어나야 한다.

무소유란 아무것도 갖지 않은 것이 아니다. 소유하고 있을 때나 그렇지 않을 때나 의식의 변함이 없는 것을 말한다. 집, 냉장고뿐만이 아니다. 자동차, 부동산, 돈, 종교, 친구, 승진, 취미 등 한곳에 빠지면 집착이 생기게 된다.

그 누군가의 유혹에 의해서였든지 아니면 우리 스스로 선택하였든지 그동안 큰집, 큰 냉장고에, 큰 자동차에 치여 우리 스스로 행복을 밀어낸 것은 아닌지 생각해 볼 때다. 최근 들어 똑똑한 소비자를 중심으로 미니멀 라이프(Minimal Life)에 관심을 두기 시작했다.

초소형 주택에서 살아가는 사람들의 이야기는 방송과 신문을 통해서 자주 접하는 기삿거리이기도 하다.

일본에서 초소형 주택에 사는 다카무라 토모야 씨는 자신의 경험을 들어 『작은 집을 권하다』란 책을 출간했다. 그는 도쿄 근교에 3평 남짓한 집을 짓고 전기는 태양열로 대신하고 화장실도 친환경 퇴비가 되는 시스템으로 공간을 꾸몄다. 그는 작은 집에 대한 예찬론을 펼친다. 그는 집을 유지하는 경비와 시간으로부터 자유로워야 한다고 이야기한다. 그의 이야기를 들으면 우리가 사는 집에서 당장 탈출하고 싶은 마음마저 생긴다. 사는 집이 크고 값이 많이 나가는 집이라면 그 집에 끌려다녀야 한다. 집에 끌려다니지 않고 집의 주인이 되려면 아담하고 작은 집에 관심을 둬 볼 만하다.

시간을
보기
위해
시계를
사지 않는다

언제부터인지 시계를 보는 일이 없
어졌다. 집 안 한가운데를 차지했던 큼지막한 괘종시계는 손목시계가 나
오면서 자취를 감추었다. 스마트폰이 나오고부터는 손목시계마저도 필요
없어졌다. 이제는 시계를 보지 않아도 필요한 시간이 되면 알람이 알려주
기까지 한다. 그야말로 시계가 필요 없는 세상이다.

그렇다고 시티폰이나 필름카메라처럼 시장에서 시계가 완전히 사라
졌을까. 결코, 아니다. 결혼식 예물에 여전히 시계는 필수품이다. 가격은
더 올라서 몇백만 원을 넘어 천만 원대가 넘는 시계를 예물로 주고받기
도 한다. 이쯤이면 시간을 보는 주기능(Main Function)에서 귀중품이나 예
물로서의 부기능(Sub Function)이 더 큰 비중을 차지한다.

요즘 보면 예물로서 고가품인 시계를 사는 사람은 그리 많지가 않다.
시간을 보기 위해 시계를 사는 사람도 거의 없다. 그럼에도 사람들은 왜
시계를 사는 것일까. 왜 시계산업은 코닥필름처럼 사양산업이 되지 않았
을까.

시간보다
패션

1970년대 말 스위스는 시계산업의 위기를 맞았다. 그때까지만 하더라도 태엽을 감는 전통방식의 기계식 시계가 전부였다.

스위스의 시계회사들은 전통적인 수제방식으로 부품을 가공하고 하나하나 조립하였다. 그러다 보니 스위스 제품은 고가일 수밖에 없었다. 이때 일본과 홍콩 등에서 대량으로 생산된 시계가 싼값에 나온다. 쿼츠 (Quartz Movement) 방식의 새로운 전자식 시계가 등장한 것이다.

전자시계는 스위스 제품보다 값은 싸면서도 정확성과 성능은 오히려 뛰어났다. 1,600개가 넘던 스위스 시계회사는 순식간에 1,000개 넘게 문을 닫았다. 스위스 경제가 타격 받을 정도로 위기에 직면했다.

세계 최대의 시계 제조업체였던 두 회사 SSIH와 ASUAG도 파산위기에 직면했다. 1979년 고심을 거듭하던 채권은행단은 마지막 수단으로 컨설팅 회사인 하이에크 엔지니어링을 찾아간다. 이 회사의 CEO이자 컨설턴트였던 하이엑(Hayek)이 두 회사의 해결사로 투입되었다. 기초적인 분석을 마친 그는 '스위스도 이제는 저가시계를 팔아야 한다.'라는 단순한 해결방안을 제시했다. 그러자 여기저기서 반대의 목소리가 나왔다.

세계 최고의 부자 나라인 스위스의 명예는 말할 것도 없고 스위스 시계산업의 명성마저 더럽히는 행위라는 것이다. 그가 시계산업을 분석한 결과, 소비자의 90%가 중저가시계를 찾고 있었다. 이 시장에 진입하지 않고는 스위스 시계산업은 살 길이 없다고 판단한 것이다. 그의 제안을 받아들인 채권단은 하이엑에게 경영을 맡기게 된다. 그는 두 회사를 합쳐서 스와치(Swatch)라는 이름으로 새롭게 탄생시켰다.

하이엑은 고급시계, 비싼 시계, 한 번 사면 오랫동안 차는 시계 등 스위스 시계의 오랜 전통을 버려야 한다고 생각을 했다. 대신 누구나 부담 없이 살 수 있는 적정한 가격이 우선 되어야 한다고 생각했다. 그러면서 금방 싫증이 나서 버릴 수 있는 시계를 떠올렸다. 딱딱하고 중후한 분위기의 무거운 시계 대신 밝은 색의 가벼운 시계를 생각했다. 많은 부속으로 조립한 수제방식 대신 부품을 단순화하여 대량으로 시계를 생산하는 전략을 세웠다. 10%를 위한 고급제품과 90%를 차지하는 저가시계가 아닌 제3의 시계를 생각해 냈다.

그는 시계를 패션(Fashion)으로 새롭게 정의했다. 백화점에 옷과 같이 시계도 유행이 바뀌면 새로 구매하게 하는 것이다. 한번 사면 오래 차는 시계가 아니라 일정한 시간이 지나 유행이 바뀌면 새로운 시계를 사고 싶도록 하는 것이다. 비즈니스용 스와치, 가정용 스와치, 레저용 스와치, 운동선수용 스와치, 파티용 스와치 등 다양한 시계를 선보였다. 가격대는 싸구려라는 인식을 하지 않을 5만 원에서 10만 원 사이에서 책정했다. 패션쇼처럼 매년 70여 종의 새로운 시계를 시즌마다 발표했다.

그러자 소비자들은 스와치 시계를 찾았다. 스와치 제품이라면 모델이 바뀔 때마다 무조건 구매하는 마니아층도 생겨났다. 특별한 기념일에 한정 생산하는 5만 원 정도의 시계가 시간이 지나자 무려 100만 원에 거래되기도 했다.

어디서나 시간을 확인할 수 있는 요즈음 단지 시간을 보기 위해 만든 저가시계를 생산했던 회사들은 대부분 자취를 감추었다. 하지만 예물과 같은 고가시계를 생산하는 회사는 여전히 지금도 건재하다. 이러한 시장에서 스와치그룹은 매년 성장을 거듭하고 있다.

1984년 처음으로 스와치 시계가 출시된 이후 세계시장의 30% 이상을 차지하고 있다. 스와치그룹으로 성장한 스와치는 오메가(Omega), 라도(Rado), 론진(Longines), 스와치(Swatch) 등 17개의 브랜드를 보유하고 있다. 스위스에만 50개의 공장이 있으며 세계 각지에 440여 개의 생산, 판매 조직을 두고 있다. 더불어 스와치는 스위스 시계산업의 명성을 되찾아 주었다. 스와치는 귀중품이나 시간을 보는 수단으로 보았던 시계의 인식을 새롭게 바꾸어 놓았다.

시계의 기능을 전혀 다른 패션으로 정의한 스와치에 대한 평가는 보는 이에 따라 다를 것이다. 분명한 것은 스와치가 만들어 놓은 마케팅 전략에 끌려서 우리는 시계를 사고 있다는 것이다. 스와치는 회사의 생존을 위해 시계의 주요 콘셉트를 시간이 아닌 패션으로 바꾸었다. 결코, 소비자를 위해서가 아니었다. 자본주의에서 대다수 기업은 스와치그룹과 같이 소비자를 위해서 상품을 만들지 않는다.

시간을 보기 위해 (소비자 입장)	패션으로서의 시계 (시계회사 입장)
· 시간이 정확해야 한다. · 가볍고 콤팩트해야 한다. · 저렴해야 한다.	· 디자인이 우수해야 한다. · 가격이 높아야 한다. · 금방 싫증이 나야 한다. · 다양한 상품을 출시해야 한다.

▲ 시계를 보는 시각에 따라

산타를
모델로
세운
코카콜라

몸에 해로운 음료인가 이로운 음료인가의 중심에는 항상 코카콜라가 있다. 코카콜라는 더운 여름에만 잘 팔릴 것으로 생각하겠지만 한 겨울철에도 많이 팔리는 음료다.

처음부터 그랬던 것은 아니다. 코카콜라의 가장 큰 고민은 겨울에 잘 팔리지 않는다는 것이었다. 그들은 1920년대 들어 새로운 해결책을 내놓는다. 한겨울의 분위기에 잘 어울리는 산타를 광고의 주인공으로 등장시키기로 한 것이다.

처음에는 산타가 어린이들에게 선물을 돌린 후 코카콜라를 마시며 쉬는 모습을 광고 콘셉트로 잡았다. 그다음 광고에서는 어린아이가 선물을 돌리다 지친 산타할아버지를 위해 코카콜라를 선물하는 내용을 내보냈다. 모델료 한 푼 들이지 않고 산타는 코카콜라의 전속모델이 된 것이다.

이때 산타할아버지가 입었던 옷이 빨간색이었다. 코카콜라의 상징 색깔을 그대로 산타에게 입힌 것이다. 산타할아버지는 오늘날에도 코카콜라가 입혀준 빨간색 옷을 그대로 입고 다닌다. 그 덕에 코카콜라는 겨울에도 여름 못지않게 잘 팔리고 있다.

경제동물이라는 닉네임답게 일본은 밸런타인데이를 만들었다. 일본의 제과회사가 자신들의 창립기념일인 2월 14일을 정한 것이다. 덕분에 매년 그날 하루에 한 달분 이상의 초콜릿이 팔린다. 일본이 밸런타인데이를 만들었다는 소식에 우리나라는 3월 14일에 화이트데이를 만들었다. 둘이 만나 하나가 되는 날이라고 5월 21일을 부부의 날로 만들었다. 그 뒤 삼겹살데이, 빼빼로데이를 만들기도 했다.

빨리
싫증
나게
하라

"소비자의 눈길을 단숨에 사로잡아라. 하지만 빨리 싫증이 나도록 디자인하라." 세계 일류기업들의 제품개발에서 디자이너들에게 주문하는 핵심 콘셉트이다. 물건을 한번 사고 난 후 다시 사지 않는다면 낭패다. 빨리빨리 싫증 나게 해서 다시 사도록 해야 기업은 제품을 많이 팔 수가 있기 때문이다.

여기에 반기를 들고 세계 디자인업계에 신선한 충격을 준 사람이 있다. 카이스트의 배상민 교수이다. 그는 27세에 동양인 최초로 미국 파슨스대학 교수로 활발한 활동을 하였다.

그곳에서 디자인의 월드컵과도 같은 세계 4대 디자인상을 모두 휩쓸면서 세계 디자인업계의 주목을 받게 된다. 디자이너 존재의 근본목적에 관해 생각할 때마다 많은 고민을 했다. 그가 스승에게서 들었던 디자이너란 '문제를 잘 찾아내서 그 문제를 해결하는 사람들'이었다.

그는 우리에게 문제를 안고 있는 사람들이 누구냐고 질문한다. '하루에 10달러, 우리 돈 만 원을 쓸 수 있는 사람이 지구 상에 얼마나 될까?'라고 질문을 이어간다. 하루에 단돈 만 원을 쓸 수 있는 사람은 전 세계인구의 10%도 채 안 된다. 나머지 90%는 단돈 만 원을 쓰지 못하는 삶을 살고 있다. 그렇다면 누구에게 문제가 있겠는가. 당연히 하위 90%에 문제가 있다. 그렇다면 디자이너들은 하위 90%를 위해 디자인을 해야 한다.

그러나 현실은 정반대다. 지금 디자이너들 대부분은 상위 10%를 위해 디자인을 하고 있기 때문이다. 그는 문제가 있는 90% 사람들을 위한 디자인을 하기로 결심한다. 당장 파슨스대학 교수직을 버리고 자신의 철학을 받아들인 카이스트로 자리를 옮겼다. 그는 학생들과 함께 나눔의 디자인을 실천했다.

시간 나는 대로 아프리카를 찾아 그들을 위한 디자인에 몰두했다. 아프리카인들이 5초에 한 명씩 죽어가고 있다고 한다. 말라리아 때문이다. 모기약을 쓰면 되지만 그들에겐 생각도 할 수 없는 일이다. 뿌리는 모기약 스프레이는 내용물보다 가스충전비와 캔값이 더 비싸다. 한번 쓰고 나면 버려야 한다. 전기도 없는 그들에게 전자모기향은 생각조차 할 수 없는 일이다.

그는 사운드 스프레이(Sound Spray)라는 제품을 디자인하여 그들에게 선물한다. 그 제품은 세계디자인어워드 대상을 받았다. 캔으로 만든 제품을 흔들면 저절로 충전되어 전자파가 나와 반경 5미터 이내에는 모기가 접근하지 못한다. 흔들면 저절로 충전되니 반영구적이다. 이런 제품을 만든 기업은 당장 망할 것이다.

일반 스프레이 모기약	전자 스프레이 모기약
· 포장값이 약값보다 비싸다. · 금방 없어져 자주 사야 한다. · 인체에 해롭다. · 제조회사는 돈을 번다.	· 한번 사면 반영구적이다. · 인체에 해롭지 않다. · 충전할 때 손목운동이 된다. · 제조회사는 망한다.

▲ 스프레이 모기약 비교

그는 전기가 불필요한 천연 가습기, 자유롭게 변하는 전등커버 등 기업이라면 만들 수 없는 제품을 디자인하였다. 기업의 이윤을 생각하지 않고 사람들에게 유익한 제품을 디자인했기 때문에 가능한 일이었다.

기업들은 오늘도 새로운 제품을 디자인하고 새로운 상품을 개발한다. 고객을 위해서가 아니라 대부분은 제품을 많이 팔기 위해서다.

에디슨의
전구

기업의 생존을 위해 빨리 싫증 나게 하는 정도는 그나마 이해할 만하다. 우리가 일상에서 쓰는 전구의 필라멘트는 자세히 보면 금방 끊어질 듯 가느다란 선으로 되어 있다. 그 때문에 몇 달을 쓰다 보면 전구가 나가 새것으로 바꾸어야 한다.

에디슨이 처음 발명한 전구에는 가느다란 선이 아니었다. 철삿줄과 같은 제법 굵은 선이었다. 수명은 무려 25,000시간 이상을 쓸 수 있도록 만들었다. 몇 년이 지나자 전구업자들이 모여 대책을 논의하기 시작했다. 전구를 한번 사면 오래 쓰다 보니 잘 안 팔렸기 때문이다.

고심을 거듭한 그들은 1,000시간 위원회를 만들고 필라멘트 수명을 1,000시간으로 줄이는 데에 합의했다. 필라멘트 선을 가늘게 하여 전구의 수명을 줄인 것이다. 지금의 필라멘트는 그렇게 해서 수명이 짧아지게 된 것이다. 순전히 업자들의 이익을 위해서 말이다.

100년 전 기업윤리가 이 정도였으니 자본주의 기업의 현실은 상상을 초월한다. 자동차 부품, 가전제품, 스마트폰 등 대부분 제품이 다 그렇게 만들어진다. 빨리 망가지도록 말이다. 그러니 품질 좋고 오래 쓰는 제품은 이제 교과서에서나 찾아보아야 한다.

이런 소비심리를 이용해 제품을 싼값에 팔기도 한다. 이른바 배꼽 마케팅이다. 프린터나 정수기 같은 제품이 대표적이다. 프린터를 싸게 판매를 한다. 이후 잉크를 매번 갈아야 하는데 그때마다 비싼 값에 사야 한다.

제품가격은 낮게 책정하고 소모품인 잉크가격을 높여 이익을 높이는 전략이 대표적이다. 일부 제조사들은 카트리지 칩을 조작해 잉크 잔량이 남았는데도 모두 소진한 것처럼 세팅하다 적발되기도 한다.

여기에 재생잉크를 사용할 경우 사용이 불가능하도록 에러 발생을 유도하기도 한다.

정수기 역시 싼 맛에 구매한다. 하지만 매번 교환해야 하는 필터는 가격이 만만치 않다. 이들 제품은 몇 년 지나면 소모품을 아예 없애기까지 한다. 우리가 모르는 사이 기업들은 상품을 저렴하게 팔고 나서 부품이나 소모품을 비싸게 팔아 이익을 취한다. 그야말로 배보다 배꼽이 큰 경우다. 싼 맛에 덜컥 구매했다가 이러지도 저러지도 못하는 것이다.

기업은 생존을 위해서 오늘도 새로운 상품을 만든다. 그리고 지갑을 열도록 끊임없이 광고한다. 사람들에게 얼마나 유익한지는 그다음 문제이다. 로버트 B. 세틀(Robert B. Settle)이 저술한 『소비의 심리학』을 보면 이 같은 사실은 더욱 확실해진다. 기업들은 소비자를 위한 제품이 아니라 많이 팔리는 제품이나 수익을 내는 제품 위주로 제품을 만든다.

이를 위해 마케터들은 소비자의 소비패턴을 수시로 분석한다. 인간의 심리를 분석하여 소비를 유도한다. 성취 욕구를 가진 소비자들을 위해 DIY(Do It Yourself) 제품을 개발했다. 과시 욕구를 충족시키기 위한 제품으로 톡톡 튀는 제품도 만들었다. 은근히 소비자에게 겁을 주기도 하여 보안상품을 만들거나 보험상품을 개발하기도 한다. 마케터들의 분석은 집요하다. 우리는 그들의 손에서 벗어나기 힘들다. 꼼짝없이 제품을 살 수밖에 없다.

우리는 오늘도 스와치 시계를 사고 새로운 스마트폰을 만지작거린다. 그리고 겨울에도 코카콜라를 마신다. 밸런타인데이 때는 연인에게 초콜릿을 선물한다. 3월 3일 날은 삼겹살을 먹고 11월 11일에는 편의점에 들려 빼빼로를 산다. 어떻게 하면 고객이 상품을 찾도록 할 것인가. 고민을 멈추지 않는다면 기업들은 오래도록 시장에서 자리를 지킬 수 있을 것이다. 그리고 우리는 그들에게 끌려다닐 것이다.

EV1

"메시아는 이단에서 나온다."

이름 없는 선각자가 단식과 명상으로 생을 마감하면서 남긴 말이다. 종교인이라면 누구나 자신을 구원해 줄 구세주, 즉 메시아를 기다리게 된다. 하지만 정작 메시아가 오면 기존의 종교지도자들은 반기지 않는다. 자신의 자리를 내어 놓아야 하기 때문이다.

이 때문에 2천 년 전 유대교는 메시아로 온 예수를 보고 이단으로 몰았다. 그를 로마 법정에 세우는데 앞장을 섰다. 400년의 박해 끝에 기독교는 이단의 명에를 벗는다. 그로부터 1200년이 흘러 또다시 이단의 시비가 붙는다. 이번에서는 루터가 중심이 된 개신교의 등장이다.

19세기 들어 기독교에는 새로운 이단들이 등장했다. 후에 등장한 종교가 기존의 종교보다 더 진리에 가깝다고 단언할 수는 없다. 하지만 분명한 것은 종교는 과거 지향적이라는 것이다. 오래된 것일수록 인정을 받는다. 인류의 원시회귀성(오래된 것일수록 무조건 믿는 습성) 때문이다. 모든 종교가 공존하는 이유이기도 하다.

그렇지만 우리가 쓰는 상품은 반대다. 하루가 다르게 새로운 제품들이 쏟아지고 있기 때문이다. 불과 10년 전 유행하던 제품들이 새로운 제품에 밀려 하루아침에 사라지기도 한다. 워크맨과 MP3가 대표적이다. 1980년대 젊은이들의 필수품이었던 카세트플레이어 워크맨은 일본을 대표하는 상품이었다. 하지만 1990년대 등장한 MP3에 떠밀려 시장에서 자취를 감췄다. 그러나 MP3의 영광도 오래가지 못했다. 스마트폰이 등장한 것이다. 20여 년 전까지 인기를 누렸던 다이얼 전화기나 브라운관 TV 역시 이미 박물관 신세가 되었다.

하지만 더 좋은 제품이라고 해서 모두가 시장에 나오는 것은 아니다. 새로운 제품이 나올 경우 자신들의 위치가 무너질 것을 대비해 온갖 방법을 동원하여 가로막는다.

소비자들에게 전달되는 순간 기존 제품의 생명은 끝나기 때문이다. 종교라면 이단으로 몰아붙일 수 있지만, 제품은 그렇지 않다. 소비자에게 전달되기 전에 없애야 한다.

"거울아, 거울아 세상에서 누가 제일 예쁘니?"

왕비는 세상에서 가장 예쁜 사람이라는 것을 매일 확인해야 안심이 되었다. 그러던 어느 날 자신보다 더 예쁜 백설공주가 있다는 사실을 마술 거울로부터 듣게 된다. 이웃나라 왕자가 백설공주를 보면 왕비의 자리는 위태롭게 된다. 왕비는 백설공주를 죽일 계획을 세운다. 백설공주 이야기는 이렇게 시작이 된다.

전기자동차

전기자동차는 엔진자동차보다 좋은 점이 한둘이 아니다. 그런데도 길에서 찾아보기 힘들다. 엔진자동차에 비해 성능이 떨어져서 그럴까. 아니면 가격이 비싸서일까. 아직 전기자동차를 개발할 기술이 부족해서일까. 대부분 사람은 이 세 가지 이유가 다 포함되어 있다고 생각한다.

우리가 알고 있는 내용이 사실일까. 자동차를 잘 아는 학자들의 이야기를 들어보면 전혀 다르다. 전기자동차가 모든 면에서 우수하다는 것이다. 그런데 왜 전기자동차가 시장에서 힘을 쓰지 못하는 것일까.

이에 관한 해답을 찾으려면 우선 노래 한 곡부터 들어봐야 한다. 이 노래의 제목이 〈EV1〉이다. 1996년 생산된 전기자동차 모델 이름이다. 이 노래는 우리에게 너무나도 익숙한 가수 자우림이 작곡하고 가사까지 만들어 부른 노래다. 2011년에 발표한 노래 가사의 일부분을 한번 보자.

······♪ 🎵

EV1이라 불리던 차의 얘기.
이제쯤 너도 아마 알고 있겠지만
이 세상은 이상한 얘기로 가득하지.

사막 한가운데로 버려진
빨간색 초록색 EV1.
거짓말이라고 해줘.
EV1 EV1 EV1의 이야기.
♪ 🎵 ······

이 노래가 실린 8집의 타이틀은 〈음모〉이다. 노래가사를 보면 멀쩡한 전기자동차 수백 대를 한꺼번에 사막 한가운데 매장시켜 버린 이야기다. 그런데 이 사건의 뒤에는 엄청난 음모가 숨어있다. 이 노래가 나오기 전 2006년 개봉된 영화 〈누가 전기자동차를 죽였나〉는 여기에 얽힌 거대한 음모를 다큐멘터리로 제작한 것이다. 크리스 페인 감독의 이 영화는 우리 나라에서는 개봉하지 못하고 DVD로만 출시되었다.

전기자동차는 엔진자동차보다 세상에 먼저 나왔다. 1835년 네덜란드의 크리스트 파펙커가 처음 발명을 했다. 1900년대 초에는 전기자동차가 엔진자동차보다 더 많았다. 하지만 휘발유의 대량생산과 유류업자들의 파격적인 조건에 전기자동차는 이내 자취를 감추고 말았다.

100년이 지난 1996년 GM자동차는 정부 요구에 어쩔 수 없이 전기자동차를 생산하게 된다. 캘리포니아주에서 '배기가스 제로법'을 만들었기 때문이다. '무공해차 판매의무법'이라고도 했던 이 법은 자동차를 판매할 때 배기가스가 나오지 않는 전기차를 20%만큼 의무적으로 판매하도록 하는 법이다.

이때까지 자취를 감추었던 전기자동차가 세상에 빛을 보게 된 것이다. 그 결과는 기대 이상이었다. 배기가스는 물론 소음도 없이 시속 130km의 속도를 내고 달렸다. 한번 충전에 200km 이상을 달릴 수 있었다.
톰 행크스, 멜 깁슨 등 유명 스타들이 이용에 앞장을 섰다. 입소문을 타고 전기자동차를 신청하는 사람들이 줄을 섰다. 안심하고 있던 정유업계와 자동차 업계, 자동차 부품업계는 큰 위협을 느끼게 된다. 정작 전기자동차를 생산하고 있던 GM부터 음모에 적극적으로 가담한다. 전기자동차는 고장이 잦고 비용이 비싸다는 등 제 발등을 찍는 소문을 퍼

트린다. 석유업계는 온갖 로비를 벌여 캘리포니아주 정부를 압박했다. 결국, 수차례의 공청회를 거친 뒤 2003년 '배기가스 제로법'을 철폐시켜버렸다.

EV1을 이용했던 소비자들이 항의하고 시위까지 했지만 그들의 힘을 당해낼 수 없었다. 그동안 생산했던 EV1을 모두 회수했다. 7년 동안 약 1200대 정도가 생산되었는데 200여 대가 회수되었다. 회수된 차는 곧바로 사막 한가운데에 가서 폐차 처리했다. 일반인은 물론 언론사까지 통제하고 오지의 사막에서 전기자동차를 없애버린 것이다. 전기자동차의 핵심인 배터리를 생산했던 회사인 옵신스키를 석유회사에 팔아버렸다. 적군에게 자식을 팔아버린 격이다. 한번 충전에 500km를 달리는 고성능 배터리를 개발했다는 이유 때문이었다. 이 영화는 엄숙하고 진지한 장례식 장면부터 시작된다. 그런데 그 대상이 사람이 아니라 전기자동차다. 그렇다면 누가 전기자동차를 죽였을까. 판단은 영화를 본 사람들에게 맡긴다.

전기자동차가 시장에 나오면 타격을 가장 크게 받는 이가 누구일까를 생각해보면 답은 금방 나온다. 그것은 바로 정유회사다. 걸프, 엑손모빌, 쉘 등 미국의 정유회사들은 세계 석유시장을 쥐고 있다. 산유국에 있는 대부분 유전을 다국적 기업인 이들이 보유하고 있다. 기업의 이익을 넘어 국가의 생존에 관한 문제이기도 하다. 전기자동차의 등장이 이들에게 반가울 리가 없다.

지난 100년간 자동차에 빨대를 꽂아, 먹고 사는 이들이다. 온갖 로비의 중심에서 그들이 앞장섰던 이유다. 자동차 배기량으로 세금을 매기던 정부도 세금이 줄어드니 은근히 전기자동차를 반기지 않았다. 자동차 회사 역시 기존의 엔진자동차가 수익이 훨씬 더 많다. 전기자동차를 반기는 이는 아무도 없었다.

'무슨 소리야.' 전기자동차를 반기는 소비자가 있었지 않느냐고 반문할 것이다. 자동차는 시장에서 파는 물건이 아니다. 소비자에게 전달되기까지 다양한 경로를 거친다.

이 과정에서 이권에 관련된 자들이 얼마든지 자신들의 의지대로 바꿀 수가 있다. 자동차 시장으로 인해 이미 형성된 지금의 끈끈한 관계를 깨트리기란 달걀로 바위를 치는 것과 같다. 수소자동차, 친환경 자동차, 전기자동차, 원자력 자동차가 나와도 시장에서 살아남기 힘든 이유다.

우리나라도 전기자동차 보급을 위해 지자체와 정부가 앞장서고 있다. 수천만 원의 보조금을 주면서까지 말이다. 하지만 그리 오래갈 것 같지 않다. 자동차 관련 세금이 연간 38조 원이다. 세금을 걷어야 하는 데 반대로 돈까지 주어가며 세금을 까먹는 어리석은 일은 누가 보더라도 오래가지 않게 된다. 엔진자동차를 포기하고 전기자동차를 생산하는 자동차 회사가 생길지도 의문이다.

배터리를 핑계로 엔진자동차의 두 배가 넘는 가격을 받아서 전기자동차의 소비를 막을 수밖에 없다. 정부는 휘발유, 경유에서 나오는 수십조 원의 세금을 쉽게 포기할 수 없다.

지자체는 수천억의 자동차세금을 포기하고 전기자동차 보조금을 주면서까지 전기자동차의 보급을 확대할 이유가 없다. 정유회사 역시 수조 원의 이익을 포기할 리 없다. 수많은 유조차, 주유소의 생계는 누가 책임질 것인가. 차라리 전기자동차를 포기하는 편이 더 나을 것이다. 전기자동차가 공장에서 생산되었다 해도 시장에서 사라지게 하는 방법은 얼마든지 많기 때문이기도 하다.

위험한
상품들

군인이나 경찰이 아닌 민간인이 총을 소유하면 얼마나 위험하겠는가. 미국에서는 매년 총기류 사망사고로 3만 명 이상이 사망한다.

총기사고가 날 때마다 개인이 총기를 소유하는 것을 제한하자는 여론이 들끓지만, 구호에 그칠 뿐이다. 총기회사, 총기판매회사 등 관련 단체의 이권과 생존이 걸려있기 때문이다. 특히 500만 명의 회원을 거느린 미국 총기협회(NRA)의 막강한 로비에는 당할 재간이 없다. 총기 때문에 수만 명이 죽어가도 자신들의 이익을 위해서는 제품을 생산하는 게 자본주의 현실이다. 지금도 한해 수천만 개의 총기가 생산된다. 그리고 탄알, 방탄조끼, 조준경, 경호산업 등 총기 관련 산업들이 성업하고 있다. 그야말로 병을 주고 약을 파는 격이다.

코와 입술 사이 인중에 손가락을 대어보라. 그곳을 경계로 입으로는 땅에서 생산되는 것을 먹는다. 코로는 하늘에 있는 공기가 들어가 숨을 쉰다. 이것이 자연의 섭리다. 물이 아무리 미세하게 분해된다고 할지라도 결국은 땅으로부터 나온다는 사실에는 변함이 없다. 이 물이 코를 통해 폐에 들어가면 몸에 해롭다는 것은 상식이다. 한의학을 공부한 분들은 습한 날씨에 호흡을 삼가라고까지 한다. 폐에 물이 차기 때문이다. 실내가 건조하면 물수건을 놓아 습도를 맞추면 된다. 조금 더 여유가 되면 습기를 도와주는 화분 한두 개를 놓아두면 더 좋을 것이다.

그런데 물을 미세하게 분사시켜 코를 통해 폐에 들어가도록 가습기라는 제품을 만들었다. 건강을 생각하고 만든 것인지 아니면 기업의 이익을 위해 만든 것인지 혼란스럽다. 여기까지는 그나마 덜하다. 폐로 물이 들어가도 위험한데 거기에 살균제를 넣었다.

우리 몸의 위에서는 위산이 분비되고 소화액이 분비되어 어지간한 독성은 해독한다. 그런데 폐는 다르다. 해독하지 못한다. 스스로 아무것도 할 수 없다. 건강에 관한 기본지식도 없는 이들이 가습기 살균제를 만들어 팔았다. 결과는 참담했다. 수백 명이 죽고 수만 명이 고통 속에서 살고 있다.

습도를 올려주는 가습기와 반대로 습도를 제거해 주는 제습기가 있다. 지금은 매장에서 사라졌지만, 한때는 혼수품 목록에까지 올라와 있었다. 자연의 현상을 거슬렀던 가습기, 제습기는 이제 건강의 적이 되어 우리 주변에서 보기 힘들어졌다.

좋은
제품을
없애라

1988년도 올림픽 열기가 한창일 때 우리 것에 대한 욕구가 여기저기서 나타났다. 이른바 신토불이다. 음료수 업계도 예외는 아니었다.

그때 보리를 볶아서 탄산수와 배합하여 만든 보리음료가 시장에서 폭발적인 반응을 얻고 있었다. 당시 국민가수 조용필이 광고했던 '맥콜'이 그 제품이다. 주문이 폭주해서 지방에서는 맛보기 힘들 정도로 귀한 음료가 되었다. 도매상들은 선금을 주고 주문하기도 했다.

콜라나 사이다 등 기존 제품들의 매출이 급감했다. 음료회사들은 특단의 방안을 쓰기로 했다. 당시 후발주자인 일화는 음료도매상을 확보하지 못하고 있었다. 기존의 음료회사들이 대부분의 유통경로를 장악하고 있었던 것이다.

국내 메이저급 음료회사들은 그들의 유통망을 활용했다. 맥콜을 취급하지 않았고 대신 유사 보리음료를 만들어서 유통했다. 이른바 물귀신 작전이었다. 소비자들이 맥콜을 찾으면 A사의 제품인 '비비콜'을 주었다. 어떤 가게는 B사의 제품인 '보리텐'을 주었다.

또 다른 가게는 맥콜 대신 C사가 만든 '보리보리'를 내주었다. 물론 맥콜 맛과는 맛의 차이가 컸다. 그렇지만 소비자들은 점점 맥콜을 찾지 않았다. 한때 국내 음료시장의 40%를 장악했던 맥콜은 몇 년이 지나지 않아 시장에서 눈에 띄지 않게 되었다. 맥콜과 함께 인기를 끌었던 이 회사 제품인 탄산수 역시 같은 길을 걸었다.

천장 불연재인 석고보드는 시장에 출시된 지가 50년이 넘었다. 특정 대기업이 생산을 독점하고 있다. 그런데 이 제품은 시공하기가 여간 까다로운 게 아니다. 건축소재 산업은 그동안 많이 발전했다. 다양한 건축 천장 소재들이 나왔다. 시공도 불편하고 값도 비싼 석고보드를 쓰지 않아도 될 법하다.

하지만 아직 이 제품을 대신할 천장재 불연 제품이 나오지 못했다. 결코, 이 제품이 탁월해서가 아니다. 기존제품에 관련된 보이지 않는 이익의 고리가 워낙 복잡하게 얽혀 있기 때문이다. 총기회사, 천장재를 만드는 회사는 결코 소비자를 생각하지 않는다. 자신들의 생존과 이익을 생각할 뿐이다.

자본주의 아버지로 불리는 애덤 스미스(Adam Smith)의 말을 들어보자.

"우리가 저녁식사를 제대로 할 수 있는 것은 정육점, 빵집, 양조장 주인들이 관대해서가 아니라 그들이 이익을 추구하기 때문이다." 자본주의는 자유 시장경제를 기본으로 한다. 그러나 자유시장이라는 게 양면성을 가진다. 자신과 기업의 이익을 위해서 온갖 상품과 상술이 동원된다. 수단 방법을 가리지 않는다. 고객을 위해 제품을 만들고 고객을 위해 상품을 파는 것처럼 홍보한다. 하지만 그것은 소비자를 유혹하기 위한 거짓말이다. 그들은 결코 소비자를 생각하지 않는다.

"소비자를 위한 제품은 없다."라는 말이 전혀 어색하지 않은 이유다.

2장

끌려다니지 않기

― 삶에 끌려

Rich보다
Well Being

사람은 누구나 부자로 잘(Rich)살고 싶어 한다. 돈을 많이 벌어 좋은 집에서 살며 좋은 차를 갖고 싶어 한다. 마음껏 여행도 즐기면서 맛있는 음식을 먹으며 원도 없이 살고 싶은 것이다.

하지만 그게 마음처럼 잘 안 된다. 휴일 한번 제대로 쉬지 못하고 일했지만 삶은 점점 더 힘들어지고 있으니 말이다. 시간이 흐를수록 높아지는 벽에 희망은 점점 더 멀어진다. 그리고 이내 포기를 하고 만다. 하지만 자식만큼은 이런 삶을 물려줄 수가 없다. 물려줄 재산마저 없으니 공부라도 잘 시켜야 한다. 모두가 자식교육에 올인하는 이유다.

"너도 저 사람처럼 되고 싶어? 공부 안 하면 저렇게 사는 거야!"

행색이 허름한 중년남자를 보고 초등생 엄마가 하는 말이다. 옷을 잘 입고 좋은 차를 타고 좋은 집을 갖고 부자로 살려면 공부를 잘해야 한다고 가르친다. 그래서 반 친구들을 이기려면 학교 공부로는 안 되니 일찍부터 학원에 다녀야 한다. 초등 6년, 중고등 6년 합하여 12년 동안을 학교에서 그리고 학원에서 죽으라고 공부만 해야 한다.

오직 좋은 대학에 들어가서 좋은 직장을 잡아 잘살기 위해서이다. 어릴 때부터 이런 생각 속에서 대학 하나만을 목표로 공부를 한 세대가 앞으로 이 나라를 이끌고 가야 한다.

이들 대부분이 원하는 것을 가지면 행복할 것이라 믿고 있다. 원하는 것을 얻기 위해서 돈이 있어야 한다고 생각하고 있다. 그래서 그들은 돈을 벌기 위해 앞만 보고 달린다. 드디어 원하는 것을 얻었다. 좋은 직장도 들어갔다. 원하는 연인을 만나 결혼도 했다. 좋은 차도 사고 내 집도 마련했다. 아이들도 좋은 대학에 들어갔다. 그야말로 잘살게 된 것이다. 이제 당신의 삶은 행복한가?

돈이 있어야 행복할 것이라는 생각은 자본주의가 만들어 놓은 허상이 아닐까. 기업들은 수많은 광고를 통하여 자신들의 제품을 사면 만족하고 행복할 것으로 우리를 현혹하고 있다. 여기에 우리가 모두 다 이런 생각을 하게 된 것은 다른 이유도 있다. 무엇보다 돈이 없어 원하는 것을 마음껏 가져보지 못한 심리적 결핍 때문이기도 하다.

대표적인 정치가였던 한비자나 마키아벨리는 "도덕적인 가치관이 없고, 물질의 욕망이 가득한 사람들을 다스리기가 가장 쉽다."라고 했다. 지금 우리나라 사람들을 두고 하는 이야기다. 정치는 물론이고 물건을 팔고 장사를 하기에도 한국처럼 좋은 나라가 없다. 애플이 아이폰 신제품을 내놓을 때 세계시장보다 한국에 먼저 신제품을 선보인 후 성공여부를 판단한다고 한다. 할리우드도 영화를 개봉하기 전 한국에 먼저 개봉하는 것도 같은 이유에서다.

좁은 나라에 작은 차 아담한 집이 어울릴 법도 한데 큰 차, 큰 집이 유달리 많다. 냉장고도 대형이고 TV도 대형이다. 기업들이 새로운 모델만 만들면 새로 바꿔야 직성이 풀리기 때문이다. 기업들은 누구보다 이런 심리를 잘 안다. 그들은 아파트도, 냉장고도, TV도, 휴대폰도 실용성보다는 유행으로 바꾸어버렸다. 스와치가 시계를 유행품으로 바꾸었던 것처럼 말이다.

쾌
락
적
응

그렇다면 좋은 차, 좋은 집을 갖고 부자(Rich)로 잘살게 되면 행복할까. 안타깝게도 사람들은 좋은 것을 가지면 가질수록 그것에 만족하지 않고 더 좋은 것을 찾게 된다. 심리학자들은 이 같은 인간의 심리를 쾌락적응(Hedonic Adaptation)이라고 말한다.

캘리포니아 대학의 심리학과 교수인 소냐 브로머스키 박사는 쾌락적응을 설명하면서 인간은 익숙해지는데 뛰어나다고 말한다. 특히 긍정적인 변화에는 더욱 그렇다고 한다.

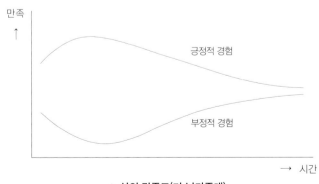

▲ 삶의 만족도(미 남가주대)

원하는 것을 얻으면 만족하고 행복할 것 같지만 금방 적응하고 이전의 상태로 돌아가 다시 새로운 것을 원하게 된다는 것이다. 차를 처음 샀을 때나 원하는 이성을 만났을 때, 처음에는 행복감을 느끼지만 시간이 지날수록 점차 무디어진다는 것이다.

쾌락적응은 부정적인 경험에서도 똑같이 일어난다. 사고를 당하거나 사랑하는 연인과 결별을 하면, 한순간 가진 것을 모두 잃어버린다. 누가 봐도 살기 힘들 것 같지만, 일정한 시간이 지나면 안정을 찾고 그전의 심리상태로 돌아간다.

이 같은 사실을 안다면 원하는 것을 갖는데 집착하지 않을 것이다. 집한 채를 마련하기 위해 평생 허리띠를 졸라매고 대출금 때문에 은행에 끌려다니지 않을 것이다.

좋은 대학에 보내기 위해 아이들을 학원에 보내 혹사하지 않을 것이다. 모르기 때문에 지금 이 순간도 마음껏 뛰어놀아야 할 어린아이들마저도 밤늦게까지 학원으로 내몰고 있다. 가족들과 오붓한 저녁시간을 잊은 채 돈을 벌기 위해 일에 매달리고 있다. 결국, 돈이 많아 부자(Rich)로 잘살아도 행복한 삶이 오지 않는다는 것을 알 수가 있다.

만
족

원하는 것을 가졌지만 행복하지 않다면 무엇이 행복을 가져다줄까. 미국의 에모리대학에서 뇌과학을 가르치는 그레고리 번스(Gregory Berns)는 뇌 과학의 측면에서 행복을 한마디로 '만족'이라고 정의했다.

그는 다양한 실험을 통해 인간이 언제 어떤 방식으로 만족하는지 연구했다. 이에 관하여 『만족』(Satisfaction)이라는 제목으로 책을 출간했다.

번스 박사는 뇌가 언제 만족하는지 과학적으로 알기 위해 MRI(자기공명영상)를 이용하여 뇌를 촬영하였다. 그 결과, 뇌는 새로움(Novelty)에 만족한다는 것을 발견하게 되었다.

새로운 경험에서 뇌는 자극을 받게 되고 그때 새로운 단어, 새로운 경치 등에 뇌가 자극받고 만족한다는 것이다. 뇌는 적절한 보상에도 만족할 만하게 반응한다.

일하고 나서 받는 포상이나 칭찬, 또는 금전이 대표적이다. 부모로부터 받는 유산이나 아무런 노력 없이 얻어지는 복권 같은 돈에는 뇌의 반응이 별로 없었다.

우리가 성실하게 일해야 할 이유가 여기에 있다. 특히 어렵고 힘든 과제에 도전할 때 뇌가 가장 큰 반응을 한다는 것을 알게 되었다. 여기에 극한 상황에서는 더욱더 만족을 느끼는 것도 알게 된다.

그는 24시간 동안 160km를 쉬지 않고 달리는 울트라 마라톤의 참석자를 대상으로 자세히 관찰했다. 이들이 왜 육체적으로 고통스러운 마라톤에 매년 참가를 하는지도 밝혀냈다.

이들이 마라톤을 시작한 지 15시간이 지나고 120km를 넘어서면 인간의 한계점에 도달하게 된다. 이즈음에 가면 정신은 혼미해져 무아지경을 경험한다고 한다.

바로 이때 뇌에는 코르티솔(Cortisol)이라는 독특한 물질이 나와 뇌를 자극하는데 뇌가 만족한다는 것이다. 이 만족감 때문에 해마다 많은 이들이 울트라 마라톤에 참석한다는 것이다.

이들이 완주하면 특별한 금전을 주는 것도 아니다. 코스를 완주하면 은으로 만든 기념품인 버클 정도가 전부다. 평범한 우리가 뇌에 만족을 주기 위해서 매번 새로운 도전을 하고, 울트라 마라톤 같은 경험을 하기는 쉽지가 않다. 그렇다면 평범한 일상 속에서 만족을 느낄 수는 없을까.

몰입

서울대학교 행복연구소 최인철 교수는 여행을 행복의 우선으로 꼽았다. 그는 다양한 연구를 통하여 누구나 여행을 할 때 최고의 행복감을 느낀다는 사실을 알게 되었다.

인간은 즐거움과 의미를 주는 활동을 했을 때 가장 큰 행복감을 느끼게 되는데 그것이 바로 여행이라는 것이다. 하지만 지속성이 문제다. 여행을 직업으로 하지 않는 이상 오랜 기간 여행을 할 수가 없다.

그는 여행과 같은 수준의 행복감을 느끼는 활동을 찾았다. 이를 위해 실험대상에게 하루에 세 번 문자를 보냈다. 그 질문은 단 두 가지. 지금 하고 있는 일이 얼마나 즐겁고 얼마나 의미가 있는지를 물었다. 그 결과 사람들은 자발적으로 일했을 때 여행과 같은 즐거움과 의미를 동시에 느끼고 있다는 것을 알게 되었다. 여행은 오랜 기간 지속할 수도 없을뿐더러 비용 또한 많이 들어간다.

반면에 자발적인 일은 봉사활동이 아니라면 돈을 벌면서 할 수 있다. 결국, 스스로 원해서 자발적으로 할 수 있는 일을 찾아야 한다. 아니라면 지금 하고 있는 일이 힘들고 싫더라도 더욱더 긍정적으로 할 수 있는 방법을 찾아야 한다.

최근 들어 행복에 관한 기준을 가장 정확히 제시한 사람은 시카고대학의 미하이 칙센트미하이(Mihaly Csikszenmihalyi) 교수다.

이에 관한 그의 저서는 국내에서 『몰입의 즐거움』(Finding Flow)이라는 책으로 소개되었다. 그는 행복은 돈(Rich)이 아니라 순간순간 삶(Well Being)에서 찾아야 한다고 말한다.

그는 평범한 미국인 수만 명을 대상으로 언제 행복을 느끼는지를 조사했다. 그랬더니 대부분 사람은 뭔가에 몰입할 때 그러면서도 보람 있는 일을 했을 때 가장 행복함을 느꼈다.

그는 행복을 결정하는 요소를 조금 더 구체적으로 들여다보았다. 그리고 행복을 주는 요소로 보람(의미), 즐거움, 몰입, 집중 등 4가지로 압축했다. 그다음에 일상의 생활을 여가활동, 유지활동, 생산활동으로 나누고 이들 활동을 4가지 요소에 대입해 보았다.

나는 2001년 출간한 『Better Life Best Life』(더 나은 삶을 위하여)라는 저서에서 이 내용을 소개하였다. 그리고 20년 이상 동안 이 내용을 주제로 강의하고 있다. 직접 토론하고 실습해보면서 하나같이 이 내용에 공감하는 것을 보았다. 칙센트미하이 박사의 4가지 조건에 '지속성' 한 가지를 더했다. 순간의 행복보다도 지속성이 더 중요했기 때문이다.

몰입은 뭔가에 푹 빠져 있거나 마라톤과 유격훈련 같은 힘든 운동을 할 때 경험할 수 있다. 집중은 잡념이 없이 산만하지 않은 상태다. 보람은 나보다도 이타적인 행위를 할 때 느낄 수 있다. 노래방에 가서 마이크를 잡으면서는 보람을 느낄 수 없지만, 봉사활동은 힘들지라도 보람을 느낄 수가 있다.

구분	즐거움	보람(의미)	몰입	집중	지속성	(합계)
여가활동 (여행, 취미)	20 (아주 많음)	15 (조금 많음)	0 (아주 없음)	0 (아주 없음)	0 (아주 없음)	35
유지활동 (휴식, 식사)	10 (보통)	10 (보통)	10 (보통)	10 (보통)	5 (조금 없음)	45
생산활동 (일, 공부, 군대)	5 (조금 없음)	20 (아주 많음)	20 (아주 많음)	15 (조금 많음)	20 (아주 많음)	80

▲ 행복지수

여행은 즐거움과 보람, 의미를 주지만 몰입과 집중과 지속성이 없다. 일하는 것은 즐거움이 조금밖에 없지만, 나머지 항목에서 점수가 높다. 군대에 가기를 싫어하는 이유는 즐거움이 없기 때문이다. 하지만 삶 중에서 보람과 의미를 가장 많이 주는 곳이 군대다. 군대생활을 해본 사람이라면 군대생활의 즐거움이 좀 없을 뿐이지 보람과 의미, 몰입, 집중을 많이 준다는 것을 금방 알 수 있다. 태어나서 가정에서나 학교에서나 남의 도움만 받다가 처음으로 국가와 민족을 위해 하루하루를 보내고 있기 때문이다.

나의 삶 역시 평범한 사람들처럼 잘(Rich)사는 것에 목표를 두고 있었다. 하지만 행복에 관한 책을 쓰고 강의를 하면서 나 자신의 삶도 잘(Well Being)사는 것으로 자연스럽게 바뀌었다. 원하는 것을 가지려고 돈을 버는 것보다는 뭔가 의미 있고 보람 있는 삶을 위해 노력을 하고 있다.

내 저서를 보거나 강의를 듣는 사람들로부터 가끔 연락을 받는다. 그들은 군대에 가는 것이 행복지수가 가장 높다는 사실에 놀라기도 하면서 하나같이 공감을 했다. 그리고 자녀를 당장 군대에 보내야겠다는 사람도 있었다.

계획대로
되었을
때

지난 20년이 넘는 시간 나는 행복에 관한 수많은 학자를 책이나 강의를 통해 만났다. 2015년 새해 첫날 아침, KBS에서는 특집으로 〈아침마당〉을 방송했다. 이틀간 연속으로 방송되었는데 국내에서 행복에 관하여 제법 알려진 교수나 의사를 비롯하여 그 분야 전문가를 초빙했다.

그리고 마지막 순서로 정신의학자 문요한 선생이 나와 이틀간 토론했던 행복에 관해 최종 정의를 내렸다. 그는 수많은 청소년을 상대로 행복에 관한 상담과 강연을 한다. 그만큼 행복에 관해 현실적인 답을 기대한 것이다.

그는 영국의 심리학자 다니엘 레틀의 말을 인용하여 어떤 사람이 미래에 얼마나 행복할지 정확하게 아는 방법을 소개했다. 그 방법은 '지금 그 사람이 행복하냐에 따라 미래의 행복도 결정된다.'라는 것이다. 즉 '지금 행복하면 미래에도 행복하고 지금 불행하면 미래에도 불행하다.'라는 것이다.

그런데 우리는 미래를 위해 지금의 희생을 강요한다. 일정한 조건을 정하고, 그 조건이 채워지면 행복할 것으로 생각한다는 것이다. 결국, 문요한 선생이 그날 마지막 시간 3분을 빌어 요약한 행복은 '어떤 조건이 채워지면 행복할 것이라는 착각에서 벗어나 지금 행복할 수 있어야 한다.'라는 것이다.

바딤 젤란드는 그의 저서에서 '인간은 자신이 계획한 대로 되었을 때 행복을 느낀다.'라고 정의한다. 우리는 수많은 목표를 정하고 그것을 달성할 계획을 세운다. 우리는 그동안 학교에서 또는 선배들로부터 계획된 생활을 해야 하고 목표 있는 생활을 해야 한다고 배웠다.

도전할 수 있는 높은 목표를 세워야 한다고 배웠다. 그런데 무슨 목표를 세워야 할지 배우지는 못했다. 그러다 보니 모든 사람의 목표가 물질적(Rich) 목표가 되어버렸다. 성공을 하고 집을 사고 자동차를 사고 10억을 모으는 부(Rich)가 목표가 된 것이다.

그동안 우리는 자본주의에 끌려 물질적(Rich) 목표를 정하고 힘든 계획을 세워놓고 발버둥치면서 행복을 찾았다. 물질의 목표와 성공이라는 계획은 수많은 환경과 경쟁 속에서만 힘들게 달성할 수 있다. 결코, 쉬운 길이 아니다. 정작 목표를 달성하고 나면 바다에서 잡아 올린 뼈다귀만 남은 고래처럼 당신이 생각했던 행복이 아닐 수 있다.

이제 그 목표를 바꾸어보자. 나의 인격을 다듬고 의미 있는 삶(Well Being)을 사는 것으로 바꾸어 보자. 그러면 당신은 힘들게 경쟁을 안 해도 된다. 돈도 들어가지 않는다. 계단을 오르듯 하루하루 당신이 세운 계획이 달성되는 것을 느끼게 된다. 작은 계획이라도 달성되면 큰 행복감이 밀려온다. 그리고 삶은 의욕과 보람으로 넘친다.

물질적인 부자(Rich)가 목표	의미 있는 삶(Well Being)이 목표
· 목표달성이 힘듦 · 경쟁이 필요함 · 만족하지 못함 · 목표를 달성해도 허탈함 · 주위 사람이 점점 멀어짐 · 영혼의 성장을 멈추게 함	· 목표달성이 쉬움 · 경쟁이 필요 없음 · 순간순간 보람과 만족을 느낌 · 주변 사람들이 좋아함 · 영혼이 성장함

▲ 삶의 목표에 따라

복잡함보다
단순함을

우리는 지금 자본주의의 한가운데에 살고 있다. 자본주의는 인간의 경쟁심과 욕망을 자극하며 발전한다. 끊임없이 더 많이 소비하고 더 많은 것을 소유하도록 부추긴다. 주변을 보면 온갖 상품들이 지갑을 열라고 유혹을 한다. 그러고 보니 백화점, 식당 등 거리 어디를 둘러보아도 가게들뿐이다.

사람은 환경의 영향을 받는다. 한적한 산속에서 보고 듣는 게 없으면 욕구는 자연스럽게 없어진다. 부탄사람들이 행복지수가 높은 것도 워낙 산속 오지에 있어서 국민들의 욕구가 거의 없기 때문이다.

하지만 우리나라는 다르다. 세계자본주의 시장의 중심에 서 있는 나라다. 세계 모든 국가의 신제품이 제일 먼저 출시되는 곳이다. 스마트폰을 가장 많은 시간 동안 사용하고 있는 국민이다. 다양하고 많은 정보를 가까이하다 보면, 삶의 가치관도 자연스럽게 바뀐다. 그만큼 하고 싶은 것이나 갖고 싶은 것이 많아지게 된다.

다른 사람의 삶과 늘 비교를 한다. 그러다 보면 항상 부족의 심리에 허덕인다. 결국, 삶에 관한 만족보다는 불만이 더 크다. 시간이 지날수록 꿈과 현실의 장벽은 높아만 간다. 그만큼 아쉬움과 여한으로 남은 채 인생을 마감해야 한다. 그렇다면 돈이 넉넉하여 원하는 것을 마음껏 가진 사람들은 아쉬움이 없을까. 그들의 인생을 따라가 보면 알 수 있다. 살아있는 동안 많이 누렸던 만큼 이것저것 집착을 버리기가 쉽지 않다.

남겨놓은 재산 때문에 사랑하는 가족 때문에 그리고 마무리하지 못한 일 때문에 쉽게 눈을 감지 못한다. 대부분 종교가 물질의 욕망을 멀리하는 것도 이 때문이다. 결국, 많은 것을 가진 자나 적게 가진 자 모두 죽음 앞에서는 불안과 여한이 남는다.

그러다 보니 해가 더해질수록 우리의 삶은 더 바빠졌다. 가족 모두가 아침부터 저녁까지 쉴 틈이 없다. 아이들은 저녁까지 학원에서 보낸다. 아빠는 아이들과 같이 저녁을 먹는 것보다 회사일이 급하다. 엄마는 더 바쁘다. 집안 살림에 학원문제, 입시문제, 아파트 시세까지 챙겨야 해서 할 게 한둘이 아니다.

스마트폰이 내 손에 들어오고부터는 더 그런 것 같다. 이제 세상의 모든 정보가 내 손안에 들어와 있다. 잠시라도 보지 않으면 나만 뒤처지는 느낌이다. 화면을 여는 순간 나도 모르게 터치를 하게 된다. 이때부터 온갖 정보가 내 눈앞에 들어온다.

이삼십 년 전이라면 대통령이나 국정원장쯤 되어야 알 수 있는 정보가 실시간으로 손안에 들어온다. 나와 아무런 관계도 없는 뉴스나 정보들이지만 쉽게 눈을 떼지 못한다. 한두 달이 지나 습관이 되면 스마트폰을 끼고 살아야 한다.

머릿속에 정보가 들어오는 순간 뇌와 신경은 쉬지 않고 일을 한다. 그만큼 나도 모르게 에너지를 소모하게 된다. 현대인들이 원인도 모른 채 늘 피곤하고 지쳐있는 이유 중 하나다. 이런저런 잡생각에 머리는 늘 꽉 차있다가 보니 정작 창의적인 생각은 묻혀 버린다. 정작 소중한 것마저 그 속에 가려 잊어버리기도 한다.

예전과 비교하면 집 안 살림살이도 많아졌다. 아파트 평수가 늘어난 이유도 있지만 불필요한 물건들도 많다. 눈만 뜨면 물건을 사라고 우리를 유혹하고 있기 때문이다. 집 안 현관에 들어서면 신발부터 수십 켤레다.

부엌살림만 해도 어지간한 식당만큼이나 된다. 온갖 가전제품에 구석구석 물건으로 가득하다. 비싼 돈을 주고 산 것을 생각하면 버리기가 아깝다. 일단 창고나 베란다에 가져다 놓는다. 예전에는 손수레 하나면 충분했던 이삿짐이 이제는 대형트럭이 와도 부족하다.

물건이 많으니 정리하기도 힘들다. 옷가지가 많으니 대형 세탁기가 없으면 안 된다. 청소할 곳이 많으니 청소기를 들고 다니기조차 귀찮다. 이제 가정마다 로봇청소기는 기본이다.

아이들은 아이들대로 어른은 어른대로 가지고 다니는 소지품도 많다. 화장품만도 수십 가지다. TV 속 광고를 보니 그 화장품만 쓰면 예뻐질 것 같아 하나둘 사다 보니 어느새 화장대를 가득 메워버렸다. 백화점 세일 때 하나둘 산 것 같은 옷들이 옷장에 꽉 차있다. 여기에 서랍장마다 잡동사니로 가득하다.

집을 나서면 세상은 더욱더 복잡하다. 도로는 차가 가득하고 빌딩은 하늘을 찌른다. 지하철은 늘어나는 승객에 새로운 노선을 만들지만, 항상 붐빈다. 이제 내비게이션이 없으면 매일 다니던 길도 찾아가기가 힘들다.

이처럼 개인도 가정도 세상도 모두가 복잡하다. 이런 세상에서는 나도 모르게 세상에 이끌려 자신의 주체성을 잃어버리기 쉽다.

Good
Life

1930년대 미국 뉴욕은 자동차들로 넘쳐났다. 102층 엠파이어스테이트 빌딩이 완공되자 경쟁이라도 하듯이 고층 빌딩이 들어섰다.

사람들이 뉴욕에 모여들었다. 이때 복잡한 뉴욕을 떠날 준비를 한 사람이 있었다. 바로 스콧 니어링(Scott Nearing) 부부다. 부부는 당시 모두 대학교수 신분이었다. 그들은 자본주의의 큰 힘에 더 이상 그들의 신념을 지키고 살 수가 없었다. 당시에도 지금처럼 자본주의의 물결이 세상을 휩쓸고 있었다. 뉴욕에 있다가는 그들도 그 물결을 피할 수 없을 것 같았다.

그들이 선택한 길은 버몬트의 깊은 산 속이었다. 산속 생활에서는 이것저것 유혹에 떠밀려 많은 돈을 지출하지 않아도 될 것 같았다. 뉴욕에 있다 보면 화려한 도시 생활에서 자신도 모르게 돈을 벌기 위해 이리저리 끌려다녀야 하기 때문이다.

그곳을 떠나지 않는 이상 노예생활도 벗어날 수 없을 것 같았다. 그들은 차를 타고도 몇 시간을 가야 하는 깊은 산 속을 찾았다. 그곳에 농장을 일구고 단순하면서도 조화로운 삶을 시작했다. 그들 부부의 목표는 세 가지였다.

첫 번째는 독립된 경제를 꾸리는 것이었다. 가능한 시장에서 구매하지 않고 자체적으로 해결하는 것이다. 그러다 보면 고용주나 자본가든 정치가든 교육행정가든 그 누구한테 간섭을 받을 필요가 없기 때문이다.

두 번째는 건강이었다. 도시는 여러 가지로 그들을 조이고 억눌렀다. 건강한 삶의 방식은 단순했다. 땅에 발붙이며 살고 먹을거리를 유기농법으로 손수 길러 먹는 것만으로 충분했다.(스콧은 101살까지 병원 한번 가지 않고 건강하게 살다가 사랑하는 아내가 지켜보는 가운데 음식물을 섭취하지 않아 스스로 죽음을 택했다.)

　세 번째는 사회를 생각하며 바르게 살아가는 것이었다. 그들은 여러 가지 착취에서 벗어나고 싶었다. 생산하지 않는 사람들이 불로소득을 축적하는 데 반대했다. 그들은 처음 정한 목표를 따라 20여 년을 살았다. 그리고 살아온 과정을 뒤돌아보며 다음과 같이 정리했다.

　우선 쓸모없고 거칠기만 하던 산골짜기 땅을 개간하여 기름진 밭으로 가꾸었다. 거기서 싱싱한 채소, 탐스러운 과일과 꽃을 거두었다.

　그들은 짐승의 똥오줌은 물론 화학비료를 전혀 사용하지도 않고 농사일을 만족스럽게 했다.(니어링 부부는 가축을 키우지 않았다.) 또한 몸을 누이고 쉴 집을 손수 지었고, 아무에게도 빚지지 않고 살았다. 여기에 모든 생필품도 시장에 의존하지 않았다. 그러다 보니 불황에 거의 영향을 받지 않았다. 부부는 단풍나무에서 설탕을 뽑는 작은 사업을 시작하여 임금이 나올 만큼 제법 훌륭하게 꾸렸다. 스무 해 동안 전혀 의사를 만나거나 찾아가지 않을 만큼 건강을 지켰다. 결국, 도시의 복잡함 대신 단순한 생활 양식이 자리를 잡았다. 먹고살기 위해 일하는 시간을 절반으로 줄이고 대신 나머지 시간을 연구, 여행, 글쓰기, 대화 등 공부하는 시간으로 보냈다. 그들의 집은 늘 열려 있었다. 누구나 찾아와 함께 먹고 갈 수 있었으며 며칠 동안 머무르다 가기도 했다.

　니어링 부부는 삶을 마칠 때까지 그곳에서 살았다. 주변이 개발되면서 덩달아 토지가격도 올라 많은 돈을 보상으로 받았다. 하지만 그들은 살아갈 최소한의 돈만 가지고 나머지는 모두 다 기증하였다. 돈을 가지고 있으면 나태해지고 그러다 보면 정신까지도 흐트러진다는 것이 이유였다. 그들이야말로 진정으로 무소유를 실천한 자들이다. 그들의 삶은 지금도 이어져 각국에서 조화로운 삶(Good Life)을 같이하고 있다.

단순한
것이
아름답다

우리나라에도 많은 이들이 복잡한 삶을 뒤로하고 니어링 부부처럼 단순한 삶을 꿈꾸고 있다. 그중 니어링 부부와 같이 단순한 삶을 살고 있는 장석주 시인을 빼놓을 수 없다.

20살 청년 때부터 아름다운 시를 선보인 장석주 시인은 단순한 삶에 대한 예찬론자다. 그가 소설을 쓰지 않고 시인이 된 이유도 단순한 삶의 철학이 몸에 배어 있기 때문이다. 작가는 자신이 전하고자 하는 철학을 글로 써낸다. '자기 뜻을 전하는데 문장 몇 구절이면 되지 않을까.' 굳이 긴 소설이 필요치 않은 것이다. 그는 몇 장의 글보다도 단 한 문장의 글을 더 예찬하고 있다. 그가 소설이 아닌 시인이 된 이유이기도 한다.

그는 45세가 되던 해 서울의 삶을 뒤로하고 안성으로 내려갔다. 한적한 시골 산자락에 13평 남짓한 아담한 집을 짓고 '수졸재(守拙齋)'라고 이름을 지었다. 겨우 제집을 지킬 줄 안다는 뜻으로 바둑에서 쓰는 말에서 따왔다고 한다. 가장 낮은 자리에서도 겸양을 잊지 말아야 한다는 그의 철학을 담고 있다.

최근에 그의 철학을 오롯이 담아 『단순한 것이 아름답다』라는 책을 출간했다.

"덜 사고 덜 쓰며 단순하게 산다."

장석주 시인의 단 한 줄로 말하는 삶의 철학이다. 그는 글에서도 단순함을 찾는다. 그래서 그의 글은 군살이 없다. 단순하고 명료하다. 그는 세상에서 가장 짧은 시의 형식인 하이쿠(Haiku)를 곧잘 이야기한다. 단 17자 이내의 최소한의 언어로 찰나를 겨냥한다는 것이다. 평소 그의 단순한 삶을 존중해온 나 역시 단순하고 간결한 문장을 좋아한다. 나의 문장은 한 줄을 넘기지 않는다. 가능한 부사나 형용사를 쓰지 않는다. 그래서 미사여구도 없다.

"밤은 길고 나는 누워서 천 년 뒤를 생각하네."

17자에 맞추어 몇 번이고 군더더기를 걷어낸 후 그가 토해낸 단순한 글 중 하나다. 장석주 시인의 단순한 생활은 수졸재의 작은 집에서부터 시작한다. 그는 단순하게 살려면 무엇보다 작은 집이 우선되어야 한다고 한다.

집이 작으면 들어가는 살림살이가 줄어든다. 유지비는 당연히 줄어든다. 화려하고 큰 집이 나를 둘러싸고 있었다면, 작은 집은 내가 다스리는 공간이 된다. 집이 작아지면 자연스럽게 먹는 것도 소식으로 바뀐다.

물건을 놓을 공간이 없으니 소유에 대한 욕심도 사라지게 된다. 집에 눌려서 보이지 않았던 것들이 하나둘 보인다. 들리지 않던 새 소리마저도 들린다. 그동안 물질 속에 가려졌던 소중한 것들이 하나둘 찾아온다. 단순한 삶을 살다 보면 소유에서 오는 집착에서도 벗어날 수 있다.

사람이든 물건이든 이것저것 인연을 갖다 보면 그만큼 집착이 생긴다. 살면서 원도 없고 한도 없이 살고 가야 한다. 집착은 아쉬움과 한을 남긴다. 우리가 단순하게 살아야 할 이유다.

단순하게
살기로
했다

일본인이지만 단순한 삶에 관하여 많은 이에게 공감을 준 사람이 있다. 30대 초반의 나이에 『나는 단순하게 살기로 했다』라는 책으로 우리에게 잘 알려진 사사키 후미오 씨다. 그가 쓰는 작은 방은 이런저런 물건들로 가득 차 있었다.

가득한 물건 만큼 삶의 무게가 어깨를 누르고 있었다. 하루하루 지친 생활의 연속이었다. 어느 날 방안의 물건을 하나둘 버리면서부터 새로운 삶의 희망을 찾게 된다.

방안 가득한 물건만 버려도 삶이 바뀌고 모든 일이 잘된다니 얼마나 기적 같은 일인가. 돈이 들어가는 것도 아니다. 그냥 버리기만 하면 된다. 그런데 버린 만큼 행운이 들어온단다.

컴퓨터, 모니터, TV, 스피커, 전자제품, 이런저런 책으로 가득 차 있던 자신의 방에 작은 찻상 하나만 두고 다 버렸다. 방을 정리하기 전과 후의 사진을 본 독자들은 사진으로 보면서도 단순하게 정리된 방을 보고 큰 공감을 했다.

그의 책이 국내에 소개되고 나서 많은 사람이 단순한 삶에 관심을 두게 되었다. 책을 읽은 많은 독자가 책장을 정리하고 방안의 잡동사니를 미련 없이 버렸다. 그의 철학을 보면 '심플하게 더 심플하게 소중한 것에만 집중하기'이다. 그동안 국내에도 『15분 정리의 힘』, 『마법의 정리』 등 정리에 관한 책이 많이 나왔다. 하지만 이 책은 단순한 정리가 아닌 삶에 관한 철학이 배어 있다.

그렇다고 한꺼번에 많은 것을 버리면 뭔가 허전함이 밀려온다. 마치 어항에 물을 한꺼번에 갈면 물고기가 죽을 수도 있는 것과 같은 것이다. 유튜브에서 '정법강의 정리'를 찾아 들어보면 정리에 관한 올바른 방향을 말해준다. 무조건 다 버리는 것보다 30%를 넘지 않는 범위 내에서 버리라고 한다.

그리고 100일 정도 지나서 다시 30%를 버리라고 한다. 한꺼번에 버리지 않고 30%의 법칙을 이용하면 허전함도 없고 에너지의 변화도 없다. 이 법칙을 책 정리할 때 사용한다. 1년에 한두 번 서재를 정리하면서 오래되고 낡은 책은 정리하는데 30%를 넘지 않는다.

나의
단순한
생활

나는 단순한 삶을 위해 변화를 주기로 했다. 마침 퇴직자들의 삶을 위한 책 『50 이후의 삶』이라는 책을 준비하고 있는 터라 더욱 그랬다.

아내를 설득한 끝에 집을 나와 12평 남짓한 아담한 오피스텔을 구했다. 그곳에서 단순한 삶을 시작했다. 마침 스몰하우스가 주목받던 때인지라 그들의 경험을 참고했다. 주거와 사무실을 겸하기 때문에 공간의 배치나 물건을 구매하는데 신중을 기해야 했다. 집에 있는 책상과 책장을 그대로 옮겼다. 나머지 물품은 최소로 했다. 100리터의 작은 냉장고를 넣고 대신 세탁기는 쓰지 않기로 했다.

속옷과 양말, 수건 등 대부분은 손빨래를 했다. 빨래하는 시간은 나의 마음마저 닦아내는 것 같았다. 와이셔츠, 양복 등은 세탁소에 맡긴다. 아침은 요구르트와 생미역 같은 건강식으로 한다. 점심은 밖에서 먹더라도 저녁만큼은 집에서 간소하게 먹는다. 간소한 식단으로 식사를 준비하니 생각보다 식비가 많이 들어가지 않았다. 숙소의 이름도 '양곡서재(陽谷書在)'로 정했다. 전문직으로 처음 발을 내디딜 때 선비이신 형님이 내게 주신 아호를 그대로 걸었다.

출장을 가지 않는 이상은 가능한 숙소에서 생활했다. 간소한 식사에 적응되자 밖에서의 식사는 오히려 몸에 부담되는 것 같았다. 이제 음식을 먹을 때는 맛을 찾는 식사에서 건강을 생각하는 식사로 변해갔다.

가끔씩 예전에 살던 집에 가면 거실이나 부엌의 복잡한 살림에 정신이 산만해졌다. 집 안에 가득한 살림살이를 보면 답답한 마음이 들기도 한다. 그러다 잘 정돈된 서재에 들어서면 몸도 마음도 편안해지고는 했다.

단순한 삶은 경험해보지 않으면 쉽게 느낄 수가 없다. 마치 트로트에 유행가를 즐기는 아들에게 클래식 음악의 깊이를 전달하는 것과 같기 때문이다.

단순한 삶을 사는 것은 경제적으로 부족해서가 아니다. 알차고 넉넉한 삶을 살기 위해서다. 하지만 가족과 함께 단순한 삶을 살기란 쉽지가 않다. 우선 나부터 간소한 삶을 살아보자.

여가생활보다
할 일을

직장인들이 퇴직 후 꿈꾸는 삶은 어떤 삶일까. 아마 일하지 않고 여가생활을 하면서 살기를 원할 것이다.

무엇보다 아내와 같이 그동안 못 갔던 여행도 즐기면서 등산도 함께 다니고 싶다. 한적한 시골에 내려가 전원주택을 지어 작은 텃밭이라도 가꾸며 오순도순 살고 싶어 한다. 하지만 실제 이런 생활을 경험해본 사람들의 이야기를 들으면 생각이 달라진다.

"퇴직한 지 이제 5년이 다 되어가네요. 직장을 그만두면 이것저것 해봐야지 하고 계획을 많이 세웠지요. 퇴직 후 1년 동안은 아내와 같이 국외여행도 다니고 등산도 다니면서 보냈습니다. 시골에 전원주택을 마련해서 작은 텃밭을 마련해 주말농장도 가꾸며 즐겁게 지냈습니다. 하지만 그 즐거움은 오래가지 못했어요. 특별히 할 일이 없다는 것이 사람을 무기력하게 만들었습니다. 당장 내일 갈 곳이 정해지지 않았다는 것이 하루하루를 지루하게 만들었어요. 부부가 같이 있으면 사이가 더 좋을 줄 알았는데 둘 사이는 갈수록 더 나빠졌습니다. 퇴직하면 우울증에 걸린다는 말이 실감이 나더라고요."

30년을 공무원으로 있다가 퇴직한 분의 이야기다. 은퇴자들을 대상으로 강의하면서 퇴직 후 하지 말아야 할 두 가지를 강조한다.

하나는 전원주택에서 생활하는 것이다. 나이가 들수록 사람이 많은 곳에 살아야 한다. 경치만 보고, 한적한 곳에서 살면 외로움과 답답함에 금방 기가 빠지고 무기력해진다. 또 하나 하지 말아야 할 것은 부부가 같이 여행이나 하면서 오순도순 지내는 것이다. 언뜻 생각하면 행복할 것 같지만, 부부가 매일 같이 있다 보면 사이는 금방 악화한다.

오히려 부부 사이를 좋게 하려면 주말부부가 되라고 권한다. 앞에 소개한 이 부부는 하지 말아야 할 것만 골라서 5년을 했으니 최악의 상황을 맞고 있는 것이다.

여행의
무료함

굳이 은퇴자가 아니더라도 일하지 않고 여가생활을 즐기면서 사는 것은 모든 사람의 희망이다. 그런데 막상 그런 생활을 몇 년 해보면 예상과는 다르다는 것을 알게 된다.

대부분 사람은 즐거운 생활이 곧 '행복'인 것으로 여기고 있다. 하지만 여행의 즐거움이나 여가의 여유로움은 어느새 무료함과 지루함으로 다가온다. 그 이유는 행복을 결정짓는 다섯 가지 항목을 살펴보면 알 수 있다. 여행과 같은 여가생활은 즐거움은 주지만 보람과 의미 등 다른 네 가지 수치는 낮기 때문이다.

즐거움	보람(의미)	몰 입	집 중	지속성	(합계)
20 (아주 많음)	15 (조금 많음)	0 (아주 없음)	5 (조금 없음)	0 (아주 없음)	40

▲ 여행의 행복지수

　같은 여행이라도 할 일이 있을 때의 여행은 보람과 의미를 준다. 그렇지만 할 일이 없이 시간을 때우기 위한 여행에서는 그 반대다. 또한, 대부분 여가활동은 몰입과 집중을 주지 못한다.

　몰입의 전문가로 알려진 서울대학교 황농문 박사는 그의 저서『몰입』(Flow)에서 몰입이야말로 행복의 핵심이라고 말한다. 이렇게 중요하지만, 여가활동에서는 몰입을 느끼기 힘들다. 우리가 뭔가에 푹 빠져있을 때 혹은 심취해 있을 때 몰입을 경험한다. 이때는 시간 가는 줄도 모른다. 몰입은 어떤 일에 열중해 있을 때 경험한다.

　또한, 감명 깊은 영화를 볼 때나 사랑하는 연인과 같이 있을 때에도 몰입의 경험을 한다. 몰입하고 있는 활동의 난이도(수준)와 함수관계가 있다. 누구나 쉽고 편안한 일을 찾으려고 하지만 쉬운 일을 할 때는 몰입하기 힘들다. 단순한 경비를 서는 일은 몰입하기 힘들지만, 컴퓨터 프로그램을 하는 일은 금방 몰입에 들어간다.

　취미활동이나 운동도 마찬가지다. 등산이나 족구같이 배우기 쉽고 어렵지 않은 운동은 몰입이 잘 안 된다. 하지만 암벽등반이나 골프같이 어려운 운동은 배우기는 어렵지만, 시간이 지날수록 몰입이 된다.

　여가활동의 또 다른 문제는 뇌기능의 급속한 퇴화이다. 인간의 뇌는 사용하지 않으면 근육처럼 퇴화가 된다. 여행이나 하면서 편안한 생활을 하면 뇌는 금세 퇴화하여간다.

미국의 노이스턴대학교의 펠트만 버럿 교수는 이에 관한 실험결과를 발표했다. 80세의 나이에도 25세의 기억력이나 집중력을 가지고 있는 슈퍼에이저(Super Ager)들의 뇌를 연구한 것이다. 이들의 공통점은 편안한 여가생활을 하지 않았다는 것이다. 대신 평소에 꾸준하게 정신적으로나 육체적으로 힘든 과제를 수행하면서 생활하고 있었다. 실험결과를 보면 할 일 없이 편하게 사는 것은 빨리 늙게 하는 지름길이라는 것을 알 수 있다.

또한, 여행이나 여가활동은 지속성이 가장 큰 문제다. 한 달 내내 일할 수는 있어도 좋아하는 노래방에는 하루 동안만 있어도 지겹다. 일하지 않고 몇 달간 여행만 다닌다면 시간이 지남에 따라 점점 더 지겹게 느끼게 된다. 또한, 대부분의 여가생활은 돈이 필요하다. 돈 없이 보내는 여가활동은 스스로를 움츠리게 한다. 은퇴 이후 돈이 필요하다고 하는 것도 여가생활을 중심으로 생애설계를 구상하고 있기 때문이다.

여가생활의
함정

주 52시간 근로시간이 보장되면서 여가에 관한 관심이 더 높아졌다. 이미 오래전에 일부 대기업에서는 4조 2교대를 실시하며 여가생활을 사원들에게 강조했다.

4조 2교대는 4일 일하고 4일을 쉬는 근무 시스템이다. 2002년 유한 킴벌리가 도입한 제도다. 당시 미국에서 공부한 문국현 사장이 도입한 제도였는데 정부에서는 기업들에 비용까지 지원하며 도입을 권장했다. '뉴패러다임' 사업이라는 제목의 이 사업으로 수백 개의 사업장이 4조 2교대조를 시행했다. 일명 YK모델이라고 하여 언론까지 나서 홍보했다.

나는 여러 경로를 통해 이 제도를 반대했다. 무엇보다 여가생활 위주에서 오는 가족 간의 갈등을 가장 큰 이유로 들었다. 그리고 4일간 휴식하면 일의 리듬이 깨진다는 것과 일주일 단위 생활리듬과 괴리가 생기는 등의 논리를 들었다. 하지만 나의 건의는 무시되었다. 지난 15년 동안 4조 2교대를 도입한 회사의 사원들은 가족 간에 또 다른 갈등을 겪었다. 이유도 모른 채 말이다. 가족과 같이 있는 시간이 많으면 가족이 행복할 거라는 오해 때문이다. 여가시간이 넉넉하면 행복할 것이라는 막연한 생각 때문이기도 하다.

지난해 나는 포항에 있는 모기업에 4조 2교대에 따른 부작용을 정리하여 보고하였다. 15년이 지나서 나의 주장을 쳐다본 것이다. 몇몇 기업을 선정하여 다시 예전의 4조 3교대로 원위치시키는 결정을 했다. 그동안 보이지 않은 갈등과 희생은 그대로 묻어둘 수밖에 없었다.

지금 우리나라는 근로시간 단축이 새로운 이슈가 되고 있다. 저녁이 있는 삶을 명분으로 내세우고 있다. 일하는 시간 대신 단축되어 남는 시간을 가족과 같이 보내라는 것이다. 언뜻 보기에 그럴듯하지만 이제 보이지 않는 부작용이 나타날 것이다. 가족과 같이하는 시간이 많아지고 여가생활을 목적으로 한다면 더욱 그렇다.

대부분의 여가생활은 기대와는 반대로 삶의 시계를 거꾸로 가게 만든다. 시간이 지날수록 사는 보람과 의미를 못 느끼며 지루한 삶을 살기 때문이다. 하루하루가 무기력해지고 자신의 존재의미마저 잃고 살아간다. 심하면 우울증에 걸리기도 한다. 그런데도 대부분 사람은 여가생활을 꿈꾼다. 살면서 할 일이 없다는 것만큼 불행한 일은 없다. 할 일이 없다는 것은 존재이유가 없다는 것과도 같기 때문이다. 무대에서 자신의 배역이 없는 배우가 연기자로서의 생명이 끝난 것이나 다름이 없기 때문이다.

그나마 경제적인 이유 때문에 은퇴 후에도 이런저런 일을 하고 있다면 이런 걱정은 안 해도 된다. 하지만 매월 적당한 연금이 나오든지 아니면 부모로부터 물려받은 재산이 넉넉해서 특별히 일이 없는 사람들이 더 큰 문제다. 이들 대부분은 여가시간으로 하루하루를 보내는 것을 당연한 것으로 여기고 있기 때문이다. 이들은 돈이 있는데 굳이 일할 필요가 있느냐고 반문할 것이다.

할 일이
없으면

사람들은 일이라고 하면 돈을 벌기 위한 일을 먼저 생각한다. 하지만 돈과는 관계없이도 할 일은 얼마든지 많다. 그것은 바로 자신에게 주어진 역할을 다하는 것이다. 마치 축구선수가 자신의 자리에서 주어진 역할을 다하는 것처럼 말이다.

"자신에게 주어진 역할을 다하라."라는 말은 이미 성현들이 남긴 말이다. 예수는 달란트를 다하라고 했다. 달란트는 탤런트(Talent)의 어원으로 역할이라는 뜻이다.

달란트는 자신에게 주어진 역할을 다하라는 숨은 뜻이 있다. 불교에서 말하는 업(業, Karma)은 우리가 태어나 해야 할 일, 즉 직업(職業)에 대하여 말하고 있다. 수행에서 자주 나오는 카르마(Karma)라는 용어도 같은 뜻이다.

공자는 제자들에게 많은 가르침을 남겼다. 그중 꼽을 수 있는 것이 바로 정명론(正名論)이다. 사람마다 그 위치에 따라 주어진 역할을 다하는 것이 세상을 조화롭게 한다는 것이다. 내게 주어진 역할은 곧 사명(使命, Mission)이다.

40을 넘긴 세대라면 국민교육헌장을 통해 이 단어에 익숙해져 있다.

"우리는 민족중흥의 역사적 사명을 띠고 이 땅에 태어났다."

나에게 주어진 사명이란 곧 나에게 주어진 역할을 말한다. 꼭 직장이 아니더라도 해야 할 역할은 얼마든지 많다. 지역사회에서의 역할, 모임소속단체에서의 역할 등 찾아보면 많이 있다. 시민으로서의 역할도 있다. 인구가 자꾸 줄어들어 고민하는 지자체에 살고 있다면 숫자만 채우고 있는 것도 큰일을 하는 것이다.

예수	달란트(Talent, 역할)
석가	업(業, Karma)
공자	정명론(正名論, 주어진 역할)
국민교육헌장	사명

▲ 성현의 말씀

사람들은 시장이나 국회의원 하다못해 시의원이라도 되어야 큰일을 하는 것으로 생각한다. 그러나 정작 자신의 위치에서 제 할 역할을 다하고 정치에 뛰어든 이가 얼마나 되겠는가.

어느 선인이 말했듯이 죄라는 것은 자신의 위치를 떠나는 게 죄다. 자신의 해야 할 기본적인 역할도 못하면서 큰일을 해보겠다고 욕심을 내는 사람들이 문제다. 병역문제, 위장전입, 탈세 등등 청문회 때마다 나오는 단골 메뉴가 이를 잘 말해준다.

애국이란 작은 일이라도 나라를 생각하는 것이다. 하다못해 시의원이라도 해야만 나라를 생각하는 것은 아니다. 쓰레기를 줄이는 것도 나라를 위하는 일이다. 환경오염을 생각해서 일회용비닐을 쓰지 않는 것도 애국이다. 목욕탕에 가서 틀어 놓은 샤워꼭지를 잠그는 것도 애국이다. 과음이나 폭식을 하지 않고 몸을 건강하게 하는 것도 애국이다. 병원에 가지 않으니 건강보험 재정을 까먹지 않기 때문이다.

2017년 건강보험 공단의 통계를 보니 65세 이상 노인들이 전체 진료비의 40%가 넘는 28조 5천억 원을 타가는 것으로 조사되었다. 이들 대부분은 건강보험료도 내지 않는다.

결국, 젊은이들이 피땀 흘려 낸 보험료를 노인들이 다 축내고 있다. 노인 1인당 400만 원이 넘는 진료비를 지급 받고 있는 것이다. 더욱이 진료 내용을 보면 노인들이 얼마나 자신의 몸을 관리하지 않는지 알 수가 있다. 가장 많은 환자가 고혈압으로 자그마치 262만 명이나 된다.

고혈압은 대부분이 음주, 흡연에 운동부족과 과식이 원인이다. 다음으로 치은염 및 치주질환(잇몸병)이 247만 명이다. 이 역시 자기관리 부실이다. 급성기관지염이 199만 명이나 된다. 대부분 본인이 운동을 하고 생활습관을 바꾸면 병원에 가지 않아도 되는 본인 관리부실병인 것이다.

잠시 자가용을 놓고 대중교통을 이용해 보라. 사소한 일이지만 이 하나만 해도 국가를 넘어 세계인류를 위하는 것이다. 탄소배출량을 줄여 지구오염을 줄이는 일에 동참하고 있기 때문이다. 내가 평소 어떤 생각을 하고 있는가에 따라 결과는 다르다.

그런데 대부분 사람은 가족구성원의 역할에서 그치고 만다. 부모님을 생각해서 공부하고 가족을 위해서 돈을 번다. 우리나라가 유달리 부정부패가 많은 것도 가족만 생각하기 때문이다. 자신의 가족만을 위해 부정을 저지르고 뇌물을 받아 챙긴다. 가족에게는 수백억을 상속하면서도 나라에 세금을 적게 내기 위해 뇌물을 주고 청탁을 한다. 사회를 생각하고 이웃을 생각한다면 그렇게 하지는 않을 것이다. 국가를 생각해야 할 전직 대통령이나 일부 고위층마저 가족을 벗어나지 못하고 부정부패를 저지른다. 진정 나라를 생각한다면 세금을 많이 내는 것을 자랑스럽게 생각해야 한다. 유달리 부동산투기가 많은 것도 가족만을 생각하기 때문이다. 내가 아파트를 사고 나서 곧바로 집값이 올랐다면 그 집을 팔았던 사람을 생각해보라.

공
부

해야 할 일 중 가장 가치 있는 일은 공부다. 공부는 학교에서만 하는 것이 아니다. 학교에서는 대학에 가기 위한 학습을 했을 뿐이다. 진정한 공부는 사회에서 하는 것이다. 나는 가끔 강의 중에 질문한다.

"대학원에 진학하여 2년을 도서관에서 머리를 싸매고 배우는 것과 같은 기간 동안 시장에서 좌판을 벌이며 세상을 배우는 것하고 어느 것이 더 큰 공부일까요?"

대부분은 시장에서 배움이 더 크다고 답한다. 큰 공부는 학교에서가 아니라 세상에서 하는 것이다. 어느 방송사의 캠페인처럼 '사회는 커다란 학교'인 것이다.

옛날, 판서를 거쳐 최고 벼슬인 영의정까지 지낸 분이 갑자기 죽어서 염라대왕 앞에 섰다. 염라대왕이 그에게 물었다.

"그대는 세상에 살면서 무슨 일을 하다가 왔는가?"

평소 백성을 위해 일했던 그였기에 당당히 답을 했다.

"저는 과거에 급제 후에 주요 요직을 거쳐 영의정까지 지냈습니다. 평생을 백성을 위해 일하다 왔습니다."

그 말을 들은 염라대왕은 살아생전 그의 행적을 묻지도 않은 채 곤장 200대를 때리라고 명을 했다. 이유도 모른 채 매를 맞고 초주검이 다 되어 있는데 다음 사람이 염라대왕 앞에 섰다. 행색을 보아하니 그리 대단해 보이지는 않았다.

"그대는 무슨 일을 하다가 왔는가?"

염라대왕은 같은 질문을 했다.

"저는 평생을 배우기만 하다가 왔습니다."

그의 말을 들은 염라대왕은 그를 저승에서 최고 좋은 자리로 보냈다. 영의정까지 지낸 사람도 200대를 맞았는데 평생 배우기만 하다 온 사람은 300대쯤 때릴 것으로 알았던 정승은 큰 충격을 받았다.

저녁이 되자 그 이유를 알기 위해 여기저기 물었다. 다행히 저승에도 안내자가 있어 그 이유를 알려주었다. 그는 저승에서 가장 높이 평가하는 사람은 배우는 자세로 세상을 살다가 온 사람이라고 했다. 그러면서 이승에서 직책이 높을수록 책임도 크기 때문에 잘잘못을 가리기도 전에 무조건 200대를 때린다는 것이다. 크게 깨달은 바가 있는 정승은 염라대왕을 다시 찾았다. 그리고 진심으로 그 앞에 머리를 숙였다.

"대왕님 저는 살아생전 어리석어 배우지 못한 게 너무 많아 이대로 저 승길을 갈 수가 없습니다. 한 번만 기회를 더 주시면 남은 생을 배우고 또 배우면서 살겠습니다. 부디 저에게 더 배우고 올 기회를 주십시오."

염라대왕은 그의 간청을 들어 그의 명줄을 더 이어 주었다. 다시 살아 난 그는 남은 인생을 배움에 정진하였고 평생을 배우는 자세로 살았다. 그리고 자손들에게 유언을 남겼다. 자신이 죽으면 비석이나 지방에 영의 정이라는 벼슬을 절대 쓰지 말 것이며 대신 '학생'(學生)이라고 쓰라고 유 언을 남겼다. 그가 죽은 다음, 후손들은 그의 유지를 받들어 비석과 지방 에 영의정 아무개 대신 학생부군이라고 쓰게 되었다.

이때부터 많은 사람이 소문을 듣고 벼슬 대신 학생을 쓰게 되었다고 한다. 선친이 돌아가신 후 지방이나 비문에 학생부군신위(學生府君神位) 를 쓰게 된 유래를 찾아서 적어 보았다.

배우는 일보다 더 큰일은 없다. 여행을 갈 때도 쇼핑을 할 때도 휴가를 가서도 매사에 배우는 자세로 살아간다면 삶은 놀라울 정도로 달라진다. 그런데에도 사람들은 배우기보다는 남을 가르치려고 한다. 특히 정치인 들이나 지도층에 있는 사람들이 더욱 그렇다.

사회공부	학교공부
시간, 장소 구분 없이 평생	학교 중심 성인이 되기 전
삶의 모든 것이 공부	학교 수업 중심
인격으로 나타남	성적으로 나타남
감성에 의해	이성에 의해
내적인 영혼을 성장	외적인 성공을 추구

▲ 공부(학습)의 종류

공부는 책을 보고 강의를 들으며 머리로만 하는 것이 아니다. 종교에서 먼저 몸을 다스리는 수행을 먼저 하는 이유도 이 때문이다. 공부(工夫)의 중국식 발음이 쿵후인 것만 보아도 알 수가 있다.

쿵후의 뜻을 보면 '내 몸을 규범대로 닦아서 신체를 건강하게 만드는 운동'이다. 결국, 공부는 머리로 하는 것보다 몸부터 하는 것이다. 매일매일 규칙적인 생활부터 해보자. 일주일이 지나고 한 달이 지나면서부터 하루하루 달라지는 자신의 몸을 느낄 것이다.

내친김에 몸과 함께 마음공부도 같이 해보면 맛이 배가된다. 그동안 하지 못했던 인문학 공부를 해본다. 그동안 우리는 인성교육은 뒷전이고 모두가 기술교육만을 받았다. 음악, 미술, 의학은 인문학이 아니냐고 반문할지 모르지만, 그것도 기술교육이다. 소설이나 수필, 영어를 공부하는 게 인문학이 아니다.

인문학은 사람답게 사는 법을 배우는 것이다. 내가 어디서 왔으며 어디로 가는가에 관하여 성찰해 보는 것을 말한다. 논어, 중용, 대학, 맹자 등 고전 대부분이 인문학이다. 꼭 인문학이 아니더라도 우리는 삶 속에서 더 많은 것을 배운다.

같은 일을 하더라도 배우는 자세로 일하는 사람과 돈을 벌기 위해 일하는 사람은 삶의 결실이 다르다. 아래 표에서 보더라도 공부는 여가활동과 달리 행복지수가 가장 높다.

즐거움	보람(의미)	몰 입	집 중	지속성	(합계)
15 (조금 많음)	20 (아주 많음)	20 (아주 많음)	20 (아주 많음)	20 (아주 많음)	95

▲ 공부의 행복지수

『세로토닌하라』를 출간한 이시형 박사는 우리나라 사람들의 심리를 가장 잘 분석하고 있는 분이다. 우리가 행복물질인 줄로만 알았던 엔도르핀(Endorphin)이 중독성이 강하다는 사실을 밝혀냈다.

우리나라 사람들이 밤낮없이 일하고 대학입시에 매달리고 아파트 평수 늘리기에 목을 매는 이유가 바로 엔도르핀 중독 때문이라는 것이다. 이 엔도르핀을 제어하는 물질이 바로 세로토닌(Serotonin)이다.

그렇다면 세로토닌은 언제 가장 많이 발생할까. 이 박사는 공부할 때라고 말한다. 그는 『공부하는 독종』이라는 책에서 공부가 주는 행복을 체계적으로 정리하여 소개하였다. 공부할 때 행복물질인 세로토닌이 뇌에서 가장 많이 생성되기 때문이다. 그가 말하는 공부는 수능공부나 어학공부가 아니다.

휴
식

여름휴가 때면 전국의 피서지가 몸살을 앓는다. 휴가를 떠나는 직장인들 때문이다. 그런데 정작 휴가를 다녀오면 모두가 더 지친다.

일에 지친 아빠, 공부에 지친 아이들, 살림살이에 지친 엄마가 잠시 휴식을 위해 떠난 여행인데 휴식은커녕 오히려 지쳐서 오는 것이다. 매번 맞이하는 주말도 마찬가지다. 토요일, 일요일 휴식을 했건만 휴일을 보낸 후 월요일이 되면 더 힘들다. 월요병이라는 말이 생긴 것도 이 때문이다.

우리는 휴일을 보내는 방법에 너무 서툴다. 지난 50년간을 일만 하는 데 익숙해져 있기 때문이기도 하다. 주5일 근무에서 이제는 주 52시간으로 일하는 시간이 많이 줄어들었다. 그만큼 휴식시간도 늘었다. 그럼에도 일하지 않는 시간을 보내는 데 익숙하지 않다. 휴일에 무엇을 해야 하는지 당황스럽다.

4일을 일하고 4일을 쉬는 근무 시스템을 10년 이상 시행하는 기업을 대상으로 조사한 적이 있다. 4일을 일하고 그다음 연속으로 쉬는 나흘 동안 무엇을 하고 지냈는지를 물어보았다. 무엇보다 가족 간의 관계가 썩 좋아지지 않았다. 무료한 시간을 달래기 위해 투잡하는 사람도 많았다. 새로운 취미생활을 하려고 이곳저곳을 기웃거리기도 했다. 사원들끼리 영화를 보거나 가까운 곳을 찾아 여기저기 여행을 가기도 했다.

이처럼 대부분 사람은 일하지 않는 시간에 무엇을 해야 할지 막연하다. 그러면서도 집에 그냥 있는 시간은 아깝다고 생각을 한다. 쇼핑하든지 근교에 여행이라도 가든지 해야 한다. 그냥 집에 있으면 안 되는 것으로 알고 있다. 하다못해 동네 뒷산이라도 등산을 해야 휴일을 잘 보낸 것으로 생각한다.

영화를 보든지 여행을 가든지 등산을 하든지 움직일 때면 그만큼 에너지를 소비한다. 집에서 무료하게 빈둥거려도 온갖 잡생각으로 뇌가 많은 에너지를 소비한다. 에너지를 소비하면 우리 몸은 휴식이 아니라 일하고 있는 것과 같다. 휴식이란 에너지를 소비하지 않는 것을 말한다. 대신 에너지를 충전하는 시간이 되어야 한다. 그것이 등산일 수 있고 나 혼자 영화를 보는 시간일 수도 있다. 휴식은 육체와 마음, 영혼이 온전히 충전하는 휴식시간이 되어야 한다. 하지만 대부분이 쉬는 날 에너지를 더 많이 소모한다. 그러다 보면 휴일을 마치고 일을 하는 다음 날은 더 힘들게 된다.

나는 일하는 동안 소모된 에너지를 충전하기 위해 혼자 있는 시간을 많이 가진다. 이때는 전화기도 끈 채 온전히 나만의 자유로운 시간이다. 책을 읽거나 보고 싶은 영화를 보면서 마음을 다지고 소진된 영혼의 질량을 채운다. 이제는 누구나 자신을 완벽하게 휴식하게 하는 법을 찾아야 한다. 혼자 차를 마시며 조용한 음악을 듣는 것도 좋다. 찜질방이나 숯가마 같은데 가서 몸과 마음을 힐링하는 것도 에너지를 충전하는 좋은 방법이다.

한곳에
집착하지
마라

아는 분 중에 평생을 전통생활 고가구 수집에 빠진 분이 있다. 그는 20대에 우연히 지인의 집을 방문하게 되면서 고가구에 푹 빠지게 된다.

월급을 받으면 대부분 고가구 수집에 썼다. 주말이면 고가구 수집을 위해 전국을 누비고 다녔다. 결혼도 잊은 채 고가구 수집으로 30대를 보냈다. 그동안 대기업의 좋은 직장을 그만두고 세 번이나 직장을 옮겼다. 모두가 고가구 수집 때문이었다.

그러다가 고가구를 판매하는 집에서 일하는 여직원과 사귀게 되었고 늦은 나이에 결혼했다. 결혼생활은 순탄치 않았다. 집을 가득 메운 고가구 때문에 이사하려고 해도 갈 수가 없었다. 아담한 아파트에 살고 싶은 아내는 늘 불만이었다. 공간이 넉넉한 단독주택만을 찾다 보니 시간이 지날수록 집은 커지고 커진 공간만큼 살림 대신 수집한 고가구로 가득 찼다. 생활비는 늘 빠듯했다. 그는 원하는 물건이 나오면 빚을 내서라도 사야 했기 때문이다. 그러다 보니 고가구가 늘어날수록 큰 집을 찾아 도시의 변두리를 전전했다.

아내는 그 생활을 더 이상 견디지 못하고 아파트를 얻어 아이들을 데리고 도시로 나가버렸다. 그동안 여러 곳에서 그가 수집한 고가구를 사고 싶다는 제의가 들어왔다. 하지만 그는 단호하게 거절했다. 한번은 대기업에서 고가구 전체를 30억에 사고 싶다는 의향을 보였지만 그는 끝내 거절했다.

마침 지자체 한 군데에서 그의 소장품에 관심을 보였다. 다행히 시 외곽에 있는 폐교된 초등학교 한 곳을 지원해주기로 했다. 그는 목숨보다 소중하게 보관하고 있던 고가구들을 그곳으로 옮겼다. 1년간의 준비 끝에 그는 그곳에 민속박물관을 열었다.

내가 그를 알게 된 것도 그 무렵이었다. 초등학교 교실 6개 칸을 가득 채운 소장품은 그의 분신 이상이었다. 교실 한 칸을 개조해서 그의 사무실로 쓰고 있었다. 사무실 한쪽 벽에는 교실 구석구석까지 비추는 CCTV 모니터로 가득했다. 차를 마시는 내내 그의 시선은 CCTV 화면을 보고 있었다. 행여 박물관에 견학을 온 초등학생들이 소장품에 손을 댈까 봐 노심초사했다. 60대 후반의 그가 40여 년을 고가구 수집에 매달려 이룬 성과였다. 그렇지만 가족도 친구도 그의 곁을 떠나고 없었다. 교실 6개 칸을 가득 채운 고가구가 그의 가족이고 자식 이상이었다.

10여 년이 지나 최근에야 그의 소식을 듣게 되었다. 지병이 악화하여 민속박물관은 시에서 운영하고 있다고 한다. 그의 소유인 고가구 전체를 시에 기증하는 문제를 두고 의견이 오가고 있다고 한다. 그는 이렇게 고가구와 함께 삶을 마감할 것이다.

평생을 종교에 빠지기도 하고 죽는 순간까지 돈밖에 모르는 사람도 있다. 친구 따라 강남 가듯이 다단계나 동호회 등 엉뚱한 곳에 잠시 빠지기도 한다. 사람을 잘못 만나 사기를 당하기도 하고 점집이나 굿판을 전전하다 가산을 탕진하기도 한다.

이름이 인생을 결정한다는 작명가의 말에 끌려 이름을 여러 번 바꾸어가며 아까운 세월을 보내는 이도 있다. 숫자가 운명을 가름한다며 숫자에 빠져 전화번호를 바꾸고 자동차 번호에 아파트 호실까지 좋은 숫자를 찾아 시간을 허비하는 이도 있다.

한군데 치우치면 누구나 그것에 집착하게 된다. 그 하나가 삶 전부이기 때문이다. 평생을 돈만 밝히면 죽으면서까지 돈에 집착한다. 자식만 생각하고 교육에서부터 결혼식 이후까지도 자녀에게 삶을 바치면 자식이 삶의 전부다. 죽어서도 자식 곁을 떠나지 못하고 집착한다. 생을 다하고 눈을 감을 때는 원도 한도 없어야 아쉬움이 없다. 자식에 관한 애착 때문이 아니면 모아놓은 돈 때문에 그리고 사랑하는 연인 때문에 눈앞이 어른거린다면 눈을 감지 못한다. 잘사는 삶이란 후회와 아쉬움이 없어야 한다. 집착이 없는 삶이어야 한다.

그런데 최근 들어서는 빠지는 곳이 예전과 다르다. 자본주의와 인터넷이 스마트폰을 만났기 때문이다. 쇼핑, 소유, 명품, 게임, SNS 등이 대표적이다. 너도나도 먹방을 보면서 군침을 삼킨다. 어떻게 알았는지 내 취향에 꼭 맞는 상품을 코앞에 들이민다. 결국, 나도 모르게 지갑을 열게 된다. 어쩔 수 없이 돈을 벌기 위해서는 밤낮으로 열심히 일해야만 한다.

하버드 대학의 정치학교 교수인 로버트 라이시(Robert Reich) 박사는 클린턴 대통령 당시 노동부장관으로 발탁된다. 그런데 그는 돌연 사임을 한다. 모두가 반대했지만, 가정으로 돌아가 평범한 아빠이자 남편으로 살기를 원했다.

그가 왜 열정적으로 일하던 학교와 장관직을 버리고 가정으로 돌아갔는지 그 이유를 정리해 책으로 출간했다. 『부유한 노예』가 바로 그 책이다. 우리는 지금 누군가에 끌려 노예로 살아가고 있다. 예전에는 발목에 쇠고랑을 찬 가난한 노예였다면 지금은 스마트폰을 손에 든 부유한 노예일 뿐이다.

왜
한곳에
빠질까

우리나라 민족성을 연구한 전문가들은
나라마다 지리적 위치에 따라 특성이 다르다고 말한다. 반도국가인 우리
나라 사람들은 감성이 풍부한 우뇌형이라고 말한다. 이성적인 좌뇌형에
비해 우뇌형은 쉽게 흥분하고 열정적이며 뭔가에 빠지면 하나에 집착하
는 성향이 있다고 한다.

획일적인 아파트에 집착하고, 일에 빠진다거나 대학입시에 올인하는
이유도 이 때문이라고 한다. 유달리 종교가 번창하고 다단계 사업이나 비
트코인 같은 사업이 한국에 많은 이유도 같은 맥락에서 찾아볼 수 있다.
여기에 한집 건너 노래방, 술집이 즐비한 이유도 이와 무관하지 않다.

마당놀이를 대중화시킨 윤문식 선생이 방송에 출연했었다. 평소 술을
좋아하기로 유명한 분이다. 그와 술자리를 자주 가졌던 후배 연예인들이
그에게 물었다. 그렇게 즐기던 술자리에 윤문식 선생이 안 보이니 어찌
된 영문인지 물은 것이다. 그는 한마디로 대답했다.

"술보다 더 좋은 게 있는데 내가 왜 술을 마시겠나?"

술보다 더 좋은 것이 있다니 그것이 무엇인지 모두가 궁금해했다. 그
때 미소를 담은 아름다운 중년 여인이 등장했다. 윤문식 선생의 부인이었
다. 사별의 아픔에 술과 연극으로 십 년이 넘게 세월을 보내고 있던 그에
게 새로운 연인이 생긴 것이다. 전 부인의 제사까지 챙기는 자상하면서도
속 깊은 부인을 그는 한껏 자랑했다. 그가 술을 안 마시는 이유에 모두가
고개를 끄덕였다.

우리가 무언가에 빠지는 경우는 그것이 제일 좋다고 확신하기 때문이다. 마치 어린아이가 장난감에 빠져 다른 것은 생각지도 못하는 것과 같다. 그보다 더 좋은 장난감을 사준다 해도 아이는 떼를 쓰고 그곳을 떠나지 않는다.

"좋은 것은 더 좋은 것의 적이다."

우리나라 광고계의 거장 목원대 최병광 교수의 말이다. 만약 더 좋은 게 있다면 당연히 지금 것을 버리고 새로운 것을 좋아할 것이다. 하지만 한곳에 빠져있으면 더 좋은 것을 경험할 기회를 갖지 못한다. 더 이상 발전을 못 하고 그곳에서 멈추어 버린다. 그곳을 나오지 못하는 이유이기도 하다.

그곳을 빠져나오면 비로써 그동안 보지 못했던 새로운 세계가 보인다. 특히 종교에 빠져있을 때 더욱 그렇다.

한곳에 빠지는 이유를 보면 사람마다 그 이유가 다르다.

구분	사례
무지해서	원주민, 문맹자
외부세계와 차단	독재사회, 광신도교회
종교, 조직	교리에 묶여서, 조직의 힘에 끌려
개인주의	가족, 배우자, 자식, 자기중심
자본주의에 끌려	돈, 소유, 부동산, 쇼핑센터, SNS
자기절제 부족	게임, 쾌락, 식탐
자존감 부족	명품에 집착, 쇼핑중독
주체성 부족	점집, 사주, 관상, 성명학, 수리학 등

▲ 한곳에 빠지는 이유

한군데
빠지면

『성공하는 사람들의 7가지 습관』으로 우리에게 잘 알려진 스티븐 코비(Stephen R. Covey) 박사는 한곳에 빠지게 되면 세상을 바라보는 시각도 한쪽만 보게 된다고 한다.

처음 당구에 빠지면 지나가는 사람도, 식탁 위의 반찬 그릇도 당구공으로 보이는 것과 같다. 그는 살면서 일반적으로 치우치기 쉬운 10가지를 구체적으로 들어 설명하였다. 돈, 소유, 종교, 일, 쾌락, 가족, 배우자, 자녀, 친구(라이벌) 등이 그것이다.

돈이 삶의 모든 것으로 생각하는 사람은 모든 게 돈으로 보인다. 사람을 만나도 그가 돈이 되는지 아닌지부터 따진다. 삶의 목적은 오직 돈이다. 휴일 한번 쉬지도 못하고 일만 하게 된다. 행여 하루 이틀 쉬기라도 한다면 쉬는 기간 내내 벌지 못한 돈 때문에 안절부절못한다.

돈 중심인 사람들의 특징은 돈을 모을 줄을 알지만 쓸 줄은 모른다는 것이다. 억대 거지라는 말이 나오는 이유다. 돈밖에 모르는 사람은 정작 자신에게 돈을 쓰지도 못한 채 죽을 때까지 돈만 모으다 죽는다. 그러면서 죽어서까지 돈을 따라다닌다.

종교 중심의 경우도 마찬가지다. 주일날 교회예배를 한번 못 가는 것을 두고 일주일 내내 죄책감에 시달리기도 한다. 수천 년 전에 만들어진 종교교리를 따르면서 살기란 쉽지가 않다.

내가 잘 아는 친구는 부부가 모두 독실한 천주교인이었다. 결혼도 하기 전에 아이를 둘이나 낳게 되었다. 피임을 못 하게 하는 교리를 충실히 따랐던 것이다. 이들 부부는 결혼하고서도 연년생으로 아이를 셋을 더 낳았다. 아이 다섯을 낳은 후부터 그 부부는 피임 때문에 고민을 많이 했다.

이후 가족이 늘어나지 않은 것을 보면 부부생활을 하지 않은 것인지 피임을 한 것인지 둘 중의 하나일 것이다.

어느 한곳에 빠지면 그 하나가 무너지면 모든 게 끝이라고 생각한다. 이혼하는 부부 대부분이 부부 중심인 사람들이다. 서로 부부만 바라보기 때문에 어느 한 쪽이 이상해지면 금방 삶이 흐트러진다. 부부 중심의 경우 부부 사이가 좋을 것 같지만 반대인 경우가 대부분이다. 이처럼 돈에서부터 일, 소유, 가족, 종교 등에 한쪽으로 치우치게 되면 삶의 균형이 흐트러지게 된다.

달걀을 한 바구니에 담지 말라는 격언이 있다. 살면서 돈도, 가족도, 친구도, 일도, 종교도, 여가생활도 모두가 소중하다. 음식도 골고루 먹어야 하듯이 우리의 삶도 한곳에 치우침이 없어야 한다. 한군데에 빠지다 보면 정작 소중한 것을 경험하지 못하기 때문이다.

최근에 유럽을 여행한 적이 있다. 70이 넘은 노부부의 옆자리에 앉게 되었다. 나이가 스무 살쯤 아래인 우리 부부를 보면서 연신 부러워했다. 자신들은 나이 들어 할 일이 없어 이제야 여행을 오게 되었다는 것이다. 20년 전쯤 유럽여행을 왔더라면 인생이 훨씬 유익했을 것이라고 아쉬워했다. 자식들 결혼시키고 집 장만까지 도와주느라 어느새 70줄이 된 줄도 몰랐다고 한다. 그들은 자식을 위해 희생하는 것이 올바른 삶인 줄 알고 평생을 그렇게 살았던 것이다.

우리는 인생이라는 긴 여행을 하고 있다. 그만큼 가볼 곳도 많고 경험해야 할 것도 많다. 그런데 여행하는 중간에 한눈을 팔다가 한군데에 빠지면 정작 더 좋은 곳은 가보지도 못하게 된다. 여행을 마치고 돌아와 나중에야 일행들을 만나 이 같은 사실을 알게 되면 후회와 아쉬움은 더해진다.

한곳에
빠지지
않으려면

어느 한곳에 빠지지 않으려면 자신이 중심을 갖고 흔들리지 말아야 한다. 그나마 학교나 부모의 그늘에 있을 때는 걱정을 덜 한다. 문제는 부모를 떠나서 사회생활을 하면서부터다.

세상에 나가는 순간 모두가 끌어당기려고 유혹의 손길을 내밀고 있기 때문이다. 여기에 스마트폰에 연결된 목줄은 언제라도 우리를 마음대로 끌고 갈 수 있다.

부유한 노예가 되지 않기 위해서는 1장을 다시 읽어보자. 결코, 당신을 위한 상품은 없다는 것을 기억하기 바란다. 모든 제품은 당신을 위해서가 아니라 기업을 위해 만들었다는 것을 기억해야 한다.

한곳에 빠지지 않기 위해서는 자신을 존중하고 질량을 높여야 한다. 삶의 목표를 물질적 부자(Rich)에서 의미와 보람을 찾는 삶으로 바꾸어보자. 경쟁에서 살아남기, 재테크 요령, 아침형인간 등 유행처럼 지나가는 베스트셀러에 흔들리면 안 된다. 대신 성실, 근면, 열정, 정직, 배려, 존중, 책임감 등을 주제로 다룬 책을 보아야 한다. 수천 년 동안 많은 사람이 읽고 검증한 중용이나 논어 같은 고전을 보는 것이 좋다.

여기에 고전을 현대에 맞게 해석한 도올 김용옥 선생의 강의는 질량을 높이는 데 효과적이다. 유튜브에 올려진 강의 중 〈서울대학교 행복연구소〉 최인철 교수 강의도 질량을 높이는 데 많은 도움이 된다.

진정 스승님의 정법강의는 우리 주변에서 일어나는 다양한 주제를 담은 문답형식의 강의다. 모두가 10분 이내의 내용으로 강의는 간결하면서도 생활에 도움이 되는 강의가 대부분이다.

내가 종교라는 울타리에서 벗어날 수 있었던 것도 이분들의 책과 강의를 듣고서부터다. 자연이 곧 진리이며 하나님이라는 것을 자연스럽게 깨우치게 되었기 때문이다. 나 자신을 괴롭혔던 죄책감에서도 벗어날 수 있었다. 그동안 여러 종교를 거치면서 이런저런 죄책감에 사로잡혀 있었다. 그들은 하나같이 태어날 때부터 이미 죄를 가지고 태어났다고 가르쳤다. 그것에 매이다 보면 거기에 붙들릴 수밖에 없다.

대부분 종교는 지켜야 할 규율도 많다. 하지만 어쩔 수 없이 못 지키게 되는 때도 있다. 그러면 규율을 어겼다는 죄책감에 사로잡힌다. 또다시 죄책감에서 벗어나기 위해 회개 기도를 하고 참선을 한다. 물만 먹으면서 일주일 이상 금식을 해야 했다. 어느 종교에서는 부부생활마저도 일정 기간 못하게 만들기도 했다.

육체를 힘들게 수행하는 종교일수록 그만큼 깊이 빠지게 된다. 육체를 약하게 하면 그동안 감추어진 영혼과 교감하기 때문이다. 이때 영혼과의 교감을 수행에서 오는 깨달음으로 착각하곤 한다. 이때가 가장 위험하다. 세상을 잘 알지 못한 채 영혼의 세계와 통하면 영혼들에 이리저리 끌려다니기 때문이다.

인간은 쉽게 얻은 것은 귀하게 여기지 않는다. 반면에 어렵게 얻은 것은 그만큼 소중하고 귀하게 여긴다. 잘해주는 연인 대신 나쁜 남자, 나쁜 여자에 더 빠지는 이유도 이 때문이다.

대부분 종교가 이 같은 이유에서 어렵고 힘든 고행을 수행의 수단으로 삼는다. 비용이 들지 않으면서도 확실하게 목적을 달성할 수 있기 때문이다. 군대나 대학 등에서 선후배 간 결속력을 강화하기 위해서 프로그램을 만들어 힘들게 수련하는 이유도 여기에 있다.

마음보다
Soul

인간은 누구나 욕망을 가지고 태어난
다. 이 욕망 때문에 인간은 끊임없이 발전해왔다. 동물과 다른 것도 이 때
문이다. 하지만 욕망은 탐욕으로 변해 수많은 전쟁과 범죄를 일으켰다.
모든 종교가 인간의 욕망을 금기시하는 이유도 여기에 있다.

『정의란 무엇인가』의 저자 마이클 샌델(Michael Sandel)이 한국을 방문
해 방송국에 나와 토론을 했다. 정의에 목마른 젊은이들이 열광했다. 기
차 기관사의 예를 들어 정의를 설명하고자 했다.

시속 100km의 속도로 달리는 기관사의 눈에 철로에서 작업하는 5명
의 작업자가 보였다. 그대로 가다가는 5명이 모두 죽는다. 그런데 다른
쪽 비상선로를 보니 단 한 명의 작업자가 일하고 있었다. 기차는 멈출 수
없다. 둘 중 하나를 선택해야 한다. 어떤 선택을 해야 정의로운 것인가?
무엇이 정의일까. 그가 제시한 사례는 윤리학에서 가끔 나오는 '전차 기
관사의 딜레마'다.

2,500년 전 그리스 아테네 광장에서도 정의를 주제로 토론이 벌어졌
다. 플라톤, 소크라테스, 케팔로스 등 많은 철학자가 젊은이들과 한자리

에 모였다. 놀랍게도 그때나 지금이나 주제나 토론의 내용까지도 거의 비슷하다. 이후에도 지난 수천 년 동안 수많은 사람이 정의를 외쳤지만 달라진 것은 아무것도 없다.

그때마다 정의는 인간의 욕망에 끌려다녀야 했다. 이제 자본주의의 독주가 시작되었다. 욕망의 전성시대를 맞이하고 있는 것이다. 자본주의는 인간의 욕망을 통해서 성장하기 때문이다.

로마의 영광도, 송나라의 번영도, 현대의 고속성장도 인간의 욕망 덕분이다. 욕망은 내적인 인성보다 외적인 몸의 욕구에서 나온다. 욕망을 충족하기 위해서는 비용을 지불해야 한다. 자본주의가 끊임없이 인간의 욕망을 자극하는 이유다. 그들은 수단과 방법을 가리지 않고 사람들을 끌어들인다. 모두가 그들이 피워놓은 모닥불에 끌려 불나방처럼 빠져든다.

그래서일까. 서점에 있는 책들도 급속히 자리가 바뀌었다. 불과 3~40년 전까지만 하더라도 '성공'에 관한 책은 대부분이 인성을 갖추는 내용이 주류를 이루었다. 주로 겸손, 절제, 용기, 정의, 인내, 근면, 소박함, 인간미, 배려 등을 주제로 다룬 책들이었다. 그런데 1980년대 이후 성공에 관한 책들은 심리학이나 리더십, 대화의 기술, 재테크 등 기교를 다루는 책들로 확 바뀌었다. 공교롭게도 공산주의가 무너지고 자본주의가 독주를 시작한 시기와도 같다.

학교에서도 다를 바 없다. 이미 도덕, 윤리, 바른생활은 초등학교에서나 겨우 구경한다. 중학교에 들어가면서 이내 입시교육에 인성교육은 뒷전이다. 특히 요즘 젊은이들은 가보지도 증명되지도 않은 천국이나 극락을 말하는 종교는 더 이상 믿지를 않는다.

열심히
살지
말자

지난 30년간을 우리의 젊은이들은 기성세대들이 가르친 대로, 또 선생들이 가르친 대로 열심히 살았다.

교회에서 사찰에서 종교 지도자들이 설법한 대로 그야말로 교과서대로 성실하게 열심히 살았다. 그중 한 젊은이가 책을 냈다. 그 책이 시중에 나오자마자 베스트셀러가 되었다. 책의 제목은 『하마터면 열심히 살 뻔했다』이다. 열심히 살면 살수록 더 힘들어져 가는 젊은이들의 넋두리를 모아놓은 책이다.

책에는 새삼스럽지도 않은 그들의 하소연으로 가득하다. 그들은 대학 하나만을 보고 청소년 시절 모든 것을 포기한 채 공부만 했다. 그 흔한 영화 한번 보지 못하고 학원으로 과외로 밤잠을 설쳤다. 그래서 대학에 합격했다. 아르바이트까지 해가며 대학을 겨우 마쳤다. 그런데 웬걸 이때부터 취업전쟁이다. 이력서를 100장도 더 내보았다. 겨우 직장이라고 잡았지만, 비정규직에 하루하루 몸을 혹사당한다. 이렇게 한 달 내내 일하고 번 돈을 들고 잠시 계산기를 두들겨본다. 이러다가 평생을 모아도 서울에 있는 아파트 서너 평 값을 모을까 싶다. 열심히 살았는데 정말 열심히 산 죄밖에 없는데 결과는 오포세대, 칠포세대다. 이게 뭐야. 이래도 되는 거야. 그들의 분노가 책으로나마 표출된 것이다. 지금부터라도 열심히 살지 말자. 30년을 성실하게 살아온 한 청년이 오죽했으면 이런 책을 다 냈을까. 이 책은 기성세대에 대한 고발장이다. 기득권에 대한 고발장이다. 이 책이 아니더라도 우리 사회 곳곳에서 비슷한 조짐이 보이고 있다.

자본주의는 욕망의 집단이 갑의 위치를 독점하고 있다. 이들은 칼자루를 움켜쥐고 블랙홀처럼 약자를 끌어들여 잡아먹는다. 그러다 보니 공자, 석가, 예수를 넘어 수많은 성현의 가르침이 이제 서서히 빛을 잃어가고 있다.

2,500년
동안
그대로

이유는 간단하다. 세상은 엄청나게 변했는데 종교나 인성교육은 변함없이 그대로이기 때문이다. 지금이 어떤 시대인가. 그런데 종교나 인성교육은 아직도 2,500년 전 버전을 그대로 쓰고 있다. 당시에는 변변한 종이 한 장 없던 시절이다. 그 시절 사람들에게 가르쳤던 석가, 예수님이 지금 방송에 나와 출연한다면 무슨 말씀을 할 것인가. 아마 시간이 오래 지났으니 당장 현실에 맞지 않는 성경, 불경부터 없애라고 할 것이다.

하지만 종교지도자나 학자들은 새것을 절대 받아들이지 않는다. 행여 새로운 이론이 나오면 자신의 아성이 무너질까 두렵기 때문이다. 지난 수천 년 동안 종교가 비교적 원형을 유지할 수 있었던 이유다. 결국, 그때나 지금이나 별다른 발전 없이 오랫동안 그대로 있었다는 이야기다.

우리는 지금 첨단과학의 시대에 살고 있다. 이런 시대에 사는 우리가 지난 수천 년 동안에 풀지 못한 숙제가 있다. 그것은 우리가 어디서 왔으며 어디로 가는가에 대한 근본의 문제다. 지금껏 그 누구 하나 속 시원하게 답을 주지 못했다. 그러다 보니 수많은 종교와 철학자들이 나와 자신들만의 답을 들고 나왔다.

우주과학자 스티븐 호킹(Stephen Hawking) 박사는 『위대한 설계』라는 책에서 처음으로 인간의 창조를 과학적으로 설명했다. 인간은 신이 창조한 것이 아니라 자연의 법칙에 의해서 창조되었다고 말한다.

자연의 법칙을 적용하여 실험한 내용을 저서에서 소개했다. 신학계에서는 큰 반발을 했지만, 그는 마지막까지 이 같은 주장을 굽히지 않았다. 최근에 타계한 호킹 박사는 그의 유고집 『어려운 질문에 대한 간략한 답변』(Brief Answer to the Big Question)에서 신은 없다고 단호하게 주장한다. 학자로서 종교와 대적한다는 것은 무모한 일이다. 그는 죽으면서까지 인간에게 신이 없다는 사실을 알리고 싶어 했다.

팽개쳐진
영혼(Soul)

인간은 눈으로 확인하지 않으면 믿지를 않는다. "직접 봤어? 지금 당장 보여줄 수 있어?" 사람들의 성화에 지식인들은 이런저런 주장을 내놓을 뿐 딱히 답을 내놓지 못했다.

그런데 종교는 간단히 답을 주었다. 신이 우리 인간을 만들었다는 것이다. 그래서 우리가 죽으면 영혼은 죽지 않고 신이 있는 곳에 가게 되는데 그곳에서 영원히 산다는 것이다. 그러나 자신의 종교를 믿지 않으면 지옥에 보낸다고 한다. 하지만 영혼이 무엇인지 그 누구도 명쾌하게 가르쳐 주지를 못했다. 그러는 사이 영혼의 존재는 지식인을 떠나 종교에 넘어가 버렸다. 인간의 불행은 영혼을 종교에 넘기면서 시작되었다.

영혼(Soul)을 잃어버린 인간은 몸과 마음이라는 이분법적 사고에서 벗어나지를 못했다. 누가 행여 영혼을 이야기하면 미신이나 종교적 편견으로 몰아세웠다. 진짜 자신을 잃어버리고 마음을 내면의 자신이라고 착각한 채 살았던 것이다. 세상에는 마음을 연구하고 마음을 공부하는 사람은 많다. 심리학이라는 학문도 있다. 그러나 영혼을 연구하고 공부하는 사람은 거의 없다. 함석헌 선생의 스승이신 다석(多夕) 유영모 선생은 마음과 몸, 그리고 영혼을 구분하고 이를 전하려고 애를 쓴 분이다. 그는 성경, 불경, 노장사상, 맹자와 공자 등을 두루 탐구하면서 평생 동안 진리를 찾아 공부한 우리나라의 큰 사상가다. 그는 몸을 몸나, 영혼을 얼나, 마음을 제나(Ego)로 구분하였다.

노벨문학상을 받은 프린스턴 대학의 토니 모리슨(Toni Morrison) 교수는 '정말 읽고 싶지만 아직 출간되지 않은 책이 있다면, 이제 당신이 직접 써야 한다.'라고 말했다. 내가 영혼을 다루는 이 장에서 많은 고민을 했던 이유다. 이 책 속에서 영혼의 존재를 독자들에게 꼭 알려주고 싶었다. 호킹 박사가 자연의 법칙에 의해 인간이 창조되었다고 했듯이 '당신의 몸 안에 있는 영혼이 바로 진짜 당신이다.'라고 말하고 싶었다. 내가 영혼에 매달리는 이유는 나의 삶이 곧 영혼을 찾는 삶이었기 때문이다.

바르게
사는
법

우리집은 이 시대의 마지막 선비 집안이었다. 어쩔 수 없이 어릴 때부터 유교의 영향을 받고 자랐다. 전깃불도 없이 호롱불에 의지하는 산골마을에서 살다 보니 자연스럽게 주변에 무당의 굿판을 자주 기웃거렸다.

내가 영혼의 세계에 관심을 두게 된 것도 이때부터다. 집을 떠나 유학을 하면서부터 기독교를 비롯한 다양한 종교를 접하게 되었다. 오랜 기독교 신앙을 그만두고 통일교에 들어갔을 때의 경험은 지금도 잊을 수 없다. 그곳에서 영적인 경험은 종교를 이해하는데 밑거름이 되었다.

일주일 금식을 세 번이나 했고 죽은 영혼과 대화하기도 했다. 몇 년을 통일교에서 보낸 후 우연한 기회에 라엘리안 무브먼트라는 단체를 알게 되었다. 그곳은 우리보다 과학수준이 2만 5천 년이나 앞서있다는 외계 조상들과 교신하는 단체다. 그곳의 이론을 이해하면서 곧바로 통일교를 나올 수 있었다. 이곳에서 다시 5년쯤 활동하다가 불교계통인 SGI를 만나게 되었다. 법화경을 중심으로 자연의 법을 공부하는 단체였다.

다른 종교에 비해 통일교, 라엘리안 무브먼트, SGI 등은 들어가기도 쉽지 않지만 한번 들어가면 나오기도 쉽지 않은 종교들이다. 한 종교를 떠나서 다른 종교를 택하는 것은 어려운 선택이다. 때로는 목숨과도 바꿀 수 있을 만큼 결정이 쉽지가 않았다.

그래서일까. 20대에 나와 같이 통일교에서 수행을 같이 했던 동료들은 60을 바라보는 지금도 대부분이 통일교회를 다니면서 참가정 운동을 하고 있다. 40대에 몸담았던 라엘리안 무브먼트 멤버들은 지금도 변함없이 외계에 있는 우주인과 교신을 계속하고 있다. 50대가 되어 잠깐 다녔던 SGI에서 인연이 된 사람들 대부분은 지금 이 시간도 화광신문을 돌리며 인류평화를 위해 일하고 있다.

그들 대부분은 그곳에서 벗어나기가 쉽지가 않다. 그만큼 그 종교의 교리가 확고하다. 그곳에서 벗어나려면 새로운 종교의 가치와 이념이 기존의 종교를 버릴 만큼 확신과 이해가 있어야 가능하다.

다양한 종교를 경험하면서 니체가 "신은 죽었다."라고 했던 말이 점점 내 가슴에 와 닿고 있었다. 그럴수록 나는 삶과 죽음 그리고 영혼에 대한 갈급함에 이곳저곳을 기웃거렸다. 전문직에 일하면서 기업의 사원이나 공무원을 대상으로 강의활동을 하다 보니 종교의 편향된 시각에서 조금씩 벗어나게 된 것이다. 그러면서 자연스럽게 종교보다는 현실에서 모든 답을 찾게 되었다.

하지만 강의를 하면서도 뭔가 부족함에 항상 아쉬움이 남았다. 그러던 중 우연한 기회에 유튜브를 검색하다가 정법강의를 듣게 되었다. 놀랍게도 생활 속의 다양한 주제를 다룬 강의가 수천 개 이상이나 소개되어 있었다.

아테네 광장에서 소크라테스가 그랬던 것처럼 질문자가 궁금한 점을 질문하면 답하는 형식의 강의였다. 진리에 목마른 나는 정신없이 정법강의 듣고 또 들었다. 무엇보다 10분도 안 되는 짧은 내용이 맘에 와 닿았다. 수십 년을 고민해왔던 문제를 단 몇 분에 답을 주기도 했다.

정법강의를 통해서 그동안 궁금했던 삶과 죽음에 대하여 속 시원하게 알게 되었다. 생명창조에 대한 부분이나 내가 태어난 목적에 대하여도 알 수 있었다. 인간은 신이 창조한 것이 아니라 자연의 법칙에 의해 창조되었다는 것도 알게 되었다. 신에 기도하고 매달리는 것이 원시인들이나 하는 미개한 짓인지도 알게 되었다.

강의 한 마디 한 마디가 나의 세포 하나까지 깨우치고 있었다. 정법 공부를 하는 3년 동안 나는 모든 집필활동도 멈추었다. 그리고 나를 다시 재정비하는 기회로 삼았다.

정법(正法)이란 바르게 살아가는 방법을 말한다. 축구경기에서 선수가 경기규칙을 아는 것과 같은 것이다. 그동안 나는 경기규칙도 모른 채 축구를 하고 있었다. 때로는 손으로 공을 잡고 내 골대에 공을 넣기도 했다.

정법강의를 듣고 나서 발이나 머리로만 공을 넣어야 하는 경기규칙을 알게 되었다. 자연의 법칙을 알고 나니 삶의 의미도 확실해졌다. 그리고 삶의 목표도 명확해졌다.

마음과
영혼(Soul)

정법강의를 들은 후 그토록 궁금했던 영혼과 마음의 관계에 대한 문제도 쉽게 이해되었다. 이제는 그 누가 물어도 영혼에 대하여 자신 있게 답해줄 수 있다. 영혼은 자연과 소통하고 대우주와 하나로 연결되어 있다.

반면에 마음은 혼자서 분리되어 있다. 마음은 말을 할 수 있고 마음대로 다닐 수도 있지만, 앞을 볼 수는 없다. 영혼은 앞을 볼 수는 있지만, 말을 할 수 없고 몸을 움직일 수도 없다.

사지가 마비된 채 눈만 뜨고 있는 사람을 장님이 목마를 태워 다닌다고 생각해보라. 몸과 마음, 영혼의 관계를 알면 살아가는 의미와 목적을 알 수 있다. 하지만 몸이 잠들지 않은 이상 마음을 비우기란 쉽지가 않다. 지금이라도 당신 안에 있는 진짜 당신의 소리, 영혼의 목소리를 들어보라.

당신이 영혼의 목소리에 귀를 기울이면 장님이 눈을 뜨는 것과 같다. 당신이 낭떠러지를 향해 가고 있을 때 아무것도 할 수 없는 영혼은 안절부절못한다.

아무것도 모른 채 늪지를 향해 한발 한발 걸어가고 있는 당신을 보며 영혼은 안타까움에 어찌할 바를 모른다. 그것은 마치 스마트폰의 꺼져있던 모바일 기능을 켜는 것과도 같다. 복잡한 도시에서 내비게이션을 켜는 것과 같다. 모바일을 켜는 순간 지도가 뜨고 목적지를 향해 빨간 안내표시가 화면에 뜬다.

스마트폰에 와이파이나 데이터를 꺼버리면 아무 기능도 못하고 전화만 할 수 있다. 인터넷도 검색도 앱도 실행이 안 된다. 영혼을 모르는 것은 스마트폰에 데이터를 사용하지 않은 것과 같다.

영혼(Soul)	마음(Mind)
내면의 양심과 자연에 반응	몸의 욕망에 반응
가치 = 인품, 사랑, 명예	가치 = 돈, 권력, 소유
내가 살아온 결과(무의식)	현재의 나(의식)
한순간에 바꿀 수 없음	한순간에 바꿀 수 있음
스마트폰의 모바일 기능	스마트폰의 H/W 기능
몸이 없으면 더 활발함	몸이 없으면 즉시 소멸함
가슴으로 느낌	머리로 생각
영혼의 언어 = 감정	마음의 언어 = 말과 글
예술, 문화	학문, 과학
몸 = 눈, 귀	몸 = 손, 발, 입
대우주와 연결	혼자서 천방지축

▲ 영혼과 마음의 관계

당신의 스마트폰에 세상 모든 정보가 연결되듯이 영혼은 대자연과 우주와 교감을 한다. 영혼의 소리를 들으면 당신이 무엇을 해야 하는지 당신이 해야 할 일이 무엇이지 스스로 알 수 있게 된다. 이제 내 안에 있는 진짜 나인 영혼의 소리에 귀를 기울여보자.

우리가 돈을 모으고 재산을 모으면 잘(Rich)살게 될 것이다. 그러나 외적인 부자는 영혼의 성장에 아무런 도움이 안 된다. 그보다는 영혼의 성장을 위해 보람 있는 일을 하면서 가치 있고 의미 있는 삶(Well Being)을 살아야 한다.

그리고 내 몸이 기능을 다하고 호흡을 멈추면 육체는 땅으로 가고 마음은 소멸된다. 영혼은 우주 속의 차원계로 들어간다. 탯줄 하나에 생명을 의지하던 태아가 탯줄을 끊고 세상에 나오는 것과 같다. 이 순간 태아에게는 죽음이지만 탄생을 기다리는 모든 사람에게는 축복이다. 마치 수박농사를 지은 농부가 때가 되면 넝쿨을 자르고 수박을 따는 것과 같다. 수박은 생각지도 못하고 넝쿨만 무성하게 키우다 보면 정작 익지 않은 수박은 공판장 앞에서 버려지는 것과도 같다.

영혼이라는 말이 듣기 거북하다면 '인격'이라고 해도 좋다. 다석 선생의 말처럼 '얼나'라고 해도 좋다. 그동안 우리는 영혼(Soul)을 종교나 무당들에게 넘겨주어 그들이 마음대로 해석하도록 만들어 버렸다. 그들은 영혼은 죽어서나 이야기하는 것으로 말한다. 또 귀신과 혼동하기도 한다.

영혼은 지금 당신의 몸속에 있다. 단 한 순간도 당신을 떠난 적이 없는 진짜 당신이다. 마음과 영혼은 전혀 다르다. 마음은 조석지변, 천방지축으로 당신 몸을 떠나기도 하고 이런 생각 저런 생각으로 통제하기도 어렵다. 마음은 콩밭에 있다는 말이 있다. 그만큼 마음을 통제하기가 쉽지가 않기 때문이다. 불교의 수행 프로그램 중에 '바라보기'라는 게 있다. 눈으로 바라보는 그곳에 마음을 잡아주기 위한 수행과정이다. 그만큼 마음을 몸에 잡아 두기가 쉽지가 않다.

밥 먹을
때는
밥 생각만

　　　　　『만행 하버드에서 화계사까지』라는 책으로 잘 알려진 현각 스님은 다니던 하버드대 대학원을 그만두고 출가를 한 분이다.

　그가 하버드를 그만두고 출가를 하게 만든 분은 숭산 스님이다. 1989년 12월 숭산 스님이 포교차 미국에 갔을 때의 일이다. 잘 생긴 한 젊은이가 물었다.

　"스님 깨달음이 무엇인가요?"

　스님은 답을 했다.

　"밥 먹을 때는 밥 생각만 하는 것이 깨달음이다."

　그 말에 그는 스님을 따라 출가를 결심한다. 그가 바로 현각 스님이다. 그가 고민했던 마음과 영혼에 대한 답을 숭산 스님이 한순간 가르쳐 준 것이다.

　마음과 영혼이 하나가 되기란 쉽지가 않다. 세상에 보는 것 경험한 것이 전부인 것으로 아는 속 좁은 '마음(Mind)' 때문이다. 이 마음이 내 영혼을 밀어내고 주인행세를 하고 있다. 자신과 아무런 관계도 없는 떠돌이가 안주인 행세를 하는 것이다. 내 집을 빼앗긴 영혼은 몰래몰래 숨어서 당신이 불러주기를 기다리고 있다. 당신의 몸이 약해지거나 마음이 추구하는 욕망을 비우면 그때야 살짝 내 존재를 알리기도 한다.

가끔 마음이 잠들어 있을 때 살짝 영혼이 외출하기도 한다. 우리는 그것을 꿈이라고 한다. 꿈은 마음의 상상이 아니다. 러시아의 과학자이며 양자물리학자인 바딤 젤란드(Vadim Zeland)는 영혼의 활동이 곧 꿈이라고 말한다. 그는 자신의 주장을 담아 『리얼리티 트랜서핑』이라는 책으로 소개했다.

나는 이 책을 몇 번이나 읽었는지 모른다. 꿈이 상상이 아니라, 영혼의 외출이라는 것을 알고 난 후 내 영혼과 쉽게 소통이 되었다. 가끔 눈을 감고 내 마음을 잠재우면 내 영혼은 꿈속에서처럼 자유롭게 활동을 하면서 주인의 자리를 찾아간다.

영혼에 관하여 이해하고 싶다면 이 책 속에 잘 설명되어 있으니까 한번 살펴보라. 책에 따르면 당신의 마음이 활동을 하지 못할 때 진짜 당신인 영혼이 이곳저곳 들어가 본다고 한다. 마치 몰래 스마트폰을 열어 검색창에 검색어를 쳐보듯이 말이다. 그간 수많은 선각자가 마음을 비우라고 했다. 이제 그들이 마음을 왜 비우라고 했는지 알 수 있을 것 같다. 영혼의 소리를 가로막고 있는 것이 바로 '마음'이기 때문이다.

3장

한쪽만 보다가는 많은 것을 잃는다

― 업자에 끌려

빠르게
더
빠르게

서울에서 부산까지 단 15분 만에 주파할 수 있는 시대가 곧 올 것 같다. 하이퍼루프(Hyperloop)라는 초고속 열차를 연구하고 있기 때문이다.

이 열차는 저압의 튜브 안에 공기의 압력차를 이용하여 음속과도 같은 시속 1,280km라는 속도로 주행한다고 한다. 이처럼 빠른 교통수단인 초고속 열차가 등장한다면 지금의 고속버스나 비행기, 고속철도는 어떻게 될까.

여기에 대한 답을 오래전 프랑스의 경험에서 찾아보자.

파리에서 뉴욕까지는 비행기로 8시간이 넘게 걸린다. 그런데 3시간 정도밖에 걸리지 않는 음속의 두 배나 빠른 비행기가 등장했다. 1976년 영국과 프랑스 두 나라가 힘을 합해 만든 콩코드라는 이름을 가진 초음속 비행기였다.

하지만 이 비행기는 적자운영을 거듭하다가 역사 속으로 사라졌다. 학자들은 콩코드의 실패를 여러 가지 원인에서 찾았다. 무엇보다 비싼 요금을 원인으로 들었다. 8시간 걸리는 기존의 요금에 비해 두 배가량

비쌌기 때문이다.

　여기에다가 승객들이 큰 비행기를 선호하는 데 비해 콩코드기는 기존의 비행기보다 130명 정도밖에 탈 수 없는 소형이라는 점도 이유 중 하나였다. 더구나 이착륙할 때 큰 소음으로 공항주변의 민원이 끊이지 않은 것도 또 다른 이유였다.

　대부분 전문가는 파리에서 뉴욕을 단 세 시간 만에 간다면 승객이 넘쳐날 것으로 예상했다. 하지만 실제 콩코드기의 승객수는 교통전문기관이 예측한 것의 10%도 채 안 되었다.

　단지 빠르다는 이유만으로 승객이 많을 거라는 예측이 보기 좋게 빗나간 것이다. 승객들은 여전히 8시간 걸리는 기존의 비행기를 선호했다. 요금이 비싸서 이용자가 적은 것으로 판단한 항공사는 요금할인에 들어갔다. 하지만 기존의 항공요금과 같은 요금을 받으며 여러 차례 이벤트까지 해도 승객은 늘어나지 않았다.

　승객들이 콩코드를 안 타는 이유는 다른 것에 있었다. 파리에서 뉴욕을 이용하는 고객들은 비행기를 타는 시간 동안을 여행으로 생각하고 있었던 것이다.

　사업상 혹은 개인사정으로 파리에서 뉴욕까지 빠른 비행기를 이용하는 승객은 일부에 불과했다. 비행기는 빠를수록 좋을 것이라는 막연한 생각이 콩코드가 실패한 가장 큰 이유였다. 결국 정기항로는 거의 운행하지 못하고 전세기로 운항을 했다. 그러다가 추락사고까지 겹치는 바람에 운행을 중단해야 했다. 비행기를 빨리 이동하는 교통수단으로 볼 것인지 아니면 구경하고 즐기는 여행으로 볼 것인지에 따라 마케팅이나 교통정책은 달라진다.

기차가
빠르면
좋은가

최근 남북평화분위기에 많은 사람은 철도를 타고 시베리아를 지나 유럽까지의 여행을 꿈꾸고 있다. 북한의 열악한 철도를 보고 벌써 철도 관련 산업들은 들떠있다.

아마 모두 다 고속철도를 생각하고 있을 것이다. 고속철도를 타고 유럽까지 여행한다고 생각해보라. 과연 여행에서의 낭만이 있을까. 북한의 아름다운 산과 들을 차창 밖으로 볼 수 있을까.

2018년 3월 노르웨이 공영방송 NRK는 기차가 달리는 모습을 7시간 동안 생방송을 했다. 베르겐에서 오슬로까지 520km 거리를 기차 앞머리에 카메라를 고정시켜 달리는 모습을 편집 없이 그대로 내보낸 것이다. '슬로 티비' 프로그램이었는데 성우의 내레이션이나 자막도 없었지만, 시청률 20%라는 경이적인 기록을 세웠다.

이 기차의 평균속도는 110km였다. 만약 시속 300km 이상으로 달리는 고속철이라면 생방송은 상상도 못했을 것이다. 기차가 시속 130km 이상 속도를 넘으면 차창 넘어 풍경이 눈에 잘 들어오지 않기 때문이다.

라트비아는 100년 전에 만든 증기기관차가 지금도 그대로 운행하고 있다. 대만에도 시속 20km 정도의 속도로 달리는 증기기관차를 운행하는데 미리 예약해야 탈 수 있다. 제주도에 가면 가장 가고 싶은 관광지 1위가 에코랜드이다.

이곳의 명물은 바로 숲 속 길을 느릿느릿 달리는 증기기관차다. 영국의 증기기관차를 그대로 복제해서 영국 현지에서 만든 기차다. 이 기차를 타고 제주도 원시림 속을 여행하다 보면 마치 다른 나라에 온 느낌마저 든다.

장장 6박 7일 동안 기차를 타는 시베리아 횡단철도는 평균 시속 80km로 달린다. 만약 이 기차가 고속철과 같이 시속 300km의 속도로 달린다면 지금처럼 많은 여행객이 이용하지 않을 것이다.

기차를
타지
않는다

부산에서 순천까지 바쁘지 않을 때면 가끔 완행열차를 이용한다. 남해철도는 이용객이 많지 않아서인지 단선철도이다. 꾸불꾸불 낙동강 줄기를 따라 달리다 보면 어느덧 기차는 지리산 자락 하동 산골짜기를 지난다. 안개라도 끼는 날이면 알프스 산자락에서 기차를 타고 가는 느낌이 들 정도로 운치가 있었다. 그야말로 기차를 타는 날은 또 다른 힐링의 시간이었다.

그런데 얼마 전에 부산에서 순천까지 기차시간이 50분 단축되었다는 뉴스를 보게 되었다. 기대 반 걱정 반으로 기차를 탔다. 꼬부랑길의 철도는 사라지고 대신 수많은 터널과 다리로 연결되어 시원하게 뚫린 복선철길을 기차는 막힘없이 달렸다. 차창 밖 풍경을 보려는 순간 어느새 기차는 터널 안으로 들어갔다. 이제 지리산 자락 하동 산골짜기 풍경은 더 이상 볼 수 없었다. 시간은 빨라졌지만 나는 더 이상 타지 않게 되었다.

부산에서 서울까지 가는 고속철 승객을 대상으로 서울까지 빨리 가야 하기 때문에 고속철을 타는 것인지를 물었다. 결과는 의외였다. 80% 이상이 급하지 않지만, 그냥 고속철을 탔다고 답을 했다. 단지 10% 정도의 일부 승객만이 빨리 가야 하기 때문에 고속철을 탄 것이라고 답을 했다. 어떤 승객은 고속철을 타기 위해 역에서 한 시간 이상 커피숍에서 기다렸다가 기차를 타는 승객도 있었다.

그렇다면 고속철은 무궁화호나 새마을호에 비해 20% 정도만 배차해야 한다. 하지만 현재 무궁화호나 새마을호는 기차시간표에서 대부분 사라져 버렸고 대신 고속철이 그 자리를 차지하고 있다. 수서에서 새로 신설된 노선은 아예 고속철만 배차했다.

그러다 보니 승객들은 고속철 외에 다른 선택의 여지가 없다. 차림표가 하나밖에 없는 식당에 가면 손님이 선택할 메뉴는 한가지뿐이다. 다른 식당에 가면 되겠지만, 기차는 그럴 수 없으니 말이다.

철도회사는 고객을 위해 그런 것이라고 할 것이다. 또 우리도 그렇게 생각하고 있다. 하지만 철도회사는 고객을 생각하지 않는다. 단지 수익을 생각할 뿐이다. 고객을 생각한다면 고속철을 줄이고 대신 무궁화호나 새마을호 같은 기존의 기차를 늘려야 한다. 가격은 싸면서도 2층칸이 있어 낭만이 있는 ITX 청춘 같은 기차를 많이 늘려야 한다.

대부분 사람은 고속철을 타면 빨리 가기 때문에 시간을 절약해서 좋을 거로 생각한다. 약속시각이 급할 경우는 맞는 말이다. 하지만 좋은 점은 그것뿐이다. 무엇보다 두 배 이상 비싼 요금을 내야 한다. 좌석은 시내버스 정도로 비좁다. 매점은 아예 없다. 화장실은 두세 칸마다 하나가 있어 줄을 서야 한다. 빠르게 달리다 보니 지금 지나고 있는 곳이 어디인지도 모른다.

잠시 창밖이라도 보려고 하면 눈이 어지럽다. 빠른 속도에 같이 가는 사람들과 여유롭게 대화하기도 힘들다. '이렇듯 세상은 빨라지는데 나는 뭐지.' 하는 생각에 괜히 마음만 급해지고 심란해진다. 치열한 경쟁 속에 사는 우리에게 나만 뒤처지고 있는 것은 아닌가 하는 조바심마저 들게 한다. 느긋한 기차여행이 주는 힐링이란 아예 없다.

고속철을 탄 승객의 시선은 하나같이 눈을 지그시 감고 목적지에 도착하기만을 기다린다. 가끔 스마트폰을 보거나 모니터를 보는 사람뿐이다. 여유라고는 조금도 찾아볼 수 없다. 그렇지 않아도 외국인들은 우리나라 사람들을 보고 '빨리빨리'에 중독된 나라라고 하는데 고속철이 여기에 한몫을 더했다.

부산에서 서울까지의 노선을 살펴보면 고속철은 52회나 있다. 반면 새마을호는 7회, 무궁화호는 10회만 있다. 고속철 요금은 새마을호나 무궁화호와 비교하면 두 배나 차이가 난다. 무궁화호 기본요금은 2,600원이다. 반면에 고속철의 기본요금 8,400원이다. 거의 4배 수준이다. 순천에서 여수 등 단거리 노선을 이용하는 사람들은 비싼 요금 때문에 고속철 이용을 망설인다.

무궁화호나 새마을호의 요금은 싸면서도 좌석은 훨씬 넓고 안락하다. 직행버스 정도로 비좁아 거의 움직이지 않는 고속철과는 비교가 안 된다. 무엇보다도 탁 트인 창밖으로 들어오는 풍경을 마음껏 볼 수 있어 좋다. 그 시간만큼은 바쁜 일상을 벗어나 잠시 여유를 가진다.

하지만 이런 낭만이 오래갈 것 같지는 않다. 전국의 철도를 모두 고속철로 바꾸고 있기 때문이다. 서울에서 강릉 가는 철길도 평창올림픽을 앞두고 고속철로 바뀌었다. 강원도의 그 아름다운 경치는 터널 속에 묻혀버렸다.

평창으로
가는
길

인천공항에서 평창까지 빨리 가야만 좋은 것일까. 조금 천천히 가더라도 아름다운 경치를 보면서 평창까지 가도록 했다면 어땠을까.

인천공항에 내려 곧바로 고속철을 타고 경기장으로 갈 것이 아니라 가는 길에 잠시 서울에 들러 경복궁이나 명동이라도 구경을 시키고 평창에 가게 했더라면 훨씬 좋았을 것이다.

당신이 알프스에서 열리는 경기에 스키선수로 선발되어 비행기를 타고 파리공항에 도착했다. 알프스 경기장까지 고속철을 이용해서 빠르게 가고 싶은가. 아니면 두세 시간 더 걸리더라도 알프스 산자락의 프랑스 농촌을 구경하면서 여행가는 기분으로 천천히 가고 싶은가. 당신이라면 어떤 선택을 하겠는가. 기차를 빨리 가는 교통수단으로 보느냐 아니면 문화로 보느냐에 따라 교통정책은 달라진다.

여기에다 산업 전반에 미치는 영향도 생각해야 한다. 예전 같으면 서울에서 강릉까지 1박 2일 일정으로 여행을 다녀온다. 하지만 고속철이 생긴 이후 당일치기로 관광한다.

강릉 숙박업소는 이미 손님이 없어 시름에 잠겼다. 울산의 경우 고속철이 개통되고 나서 비행기 노선이 절반 이상을 감축했다. 광주는 더욱더 심해서 공항 승객이 70% 이상 줄었다. 고속버스 승객도 30% 이상 줄었다. 신규수요는 없는데 기존의 승객들이 고속철로 옮겨갔기 때문이다. 고속철이 늘면서 비행기 노선이 없어지고 고속버스가 줄어드니 산업의 균형이 무너지게 된다.

교통으로만 볼 때	문화와 복합기능으로 볼 때
· 빨라야 한다.	· 비용을 고려한다. · 여행문화를 생각한다. · 자연경관이나 통과하는 지역의 경제를 생각한다. · 다른 교통과의 균형을 맞춘다. · 기차 선진국을 방문해 배운다.

▲ 기차를 보는 관점에 따라

예전에는 서울에서 부산에 출장 가면 하룻밤을 자면서 여유 있게 일을 보았다. 저녁에는 자갈치 시장에서 꼼장어를 먹고 영도다리를 거닐 수 있는 시간도 있었다. 덩달아 지역경제도 좋아진다. 지금은 오직 업무를 보는 시간뿐이다. 새벽에 일찍 고속철을 타고 목적지에 도착하면 곧바로 볼일만을 본다. 일을 보기가 무섭게 다시 기차를 탄다. 출장지에서 맘 편이 밥 한 끼 먹을 시간조차 없다.

서울에 가는데 빨리 가는 것만이 답은 아니다. 걸어서 가는 올레코스도 있어야 한다. 자전거 길도 있으면 좋을 것이다. 옛 마차길도 만들고 달구지가 가는 길도 만들면 좋을 것이다. 완행열차, 급행열차, 고속열차, 고속버스가 조화롭게 운행하면 더 좋을 것이다.

일반열차는 거의 없고 고속철밖에 없다면 비싼 요금을 주고서라도 타는 수밖에 없다. 사람들은 우리가 잘사는 나라여서 그런가 보구나 하고 그냥 지나친다.

고속철이
없는
나라들

철도의 원조국인 영국은 아직도 고속철도가 없다. 철도가 가장 많이 건설된 미국도 당분간 고속철 건설계획을 세우지 않고 있다.

국토의 크기나 경제적인 규모를 볼 때 우리보다 더 필요할 것 같지만, 그들은 아직도 고속철을 도입하지 않고 있다. 기술이 없어서일까, 돈이 없어서일까. 그 나라들은 고속철이 가져다주는 득과 실을 너무나 잘 알고 있기 때문이다. 고속철을 도입하자고 제안서를 내고 세미나를 개최하는 등 고속철 건설에 열을 올리는 기업들에 절대 끌려다니지 않는다.

독일이나 프랑스는 가장 먼저 고속철을 운행했지만 갈수록 운행 횟수를 줄이고 있다. 처음 50%대였던 고속철 배차비율이 지금은 20%도 채 안 된다. 우리처럼 90% 이상을 고속철로 배정하지 않는다. 대신 기존의 급행이나 완행열차를 그대로 두었다.

용도와 등급별로 6종류나 있지만, 예전 그대로 운행된다. 대부분 선진국은 기차를 교통으로만 보는 게 아니라 여행수단으로 보기 때문이다. 하나의 문화로 보기 때문이다.

따라서 기존의 기차노선을 쉽게 없애거나 새로운 기차로 바꾸지 않는다. '기차는 빠를수록 좋은 것이다.'라는 한 가지만 생각한다면 콩코드 같은 실패를 볼 것이다. 기차는 여행이며 문화다. 우리 삶의 현주소이며 동맥과도 같다.

기차뿐만이 아니라 도로 역시 마찬가지다. 속도만을 생각하고 새로운 도로를 건설하면 더 많은 것을 잃게 된다. 서울에서 양양까지 한 시간대에 가능한 고속도로가 개통되었다. 설악산이나 동해까지 빨리 갈 수 있게 되었다. 그런데 고속도로가 개통되자 기존에 이용했던 도로통행량이 70% 이상 줄어들었다.

문제는 예전 도로 주변에 있는 관광지의 지역특산품 판매도 같이 줄었다는 것이다. 이들 도로들은 설악산 동해로 휴가 가는 차량들로 북새통을 이루던 곳이다. 그런데 2017년 7월에 서울-양양고속도가 개통되면서 예전 도로의 교통량은 급감했다.

이 때문에 마을 전체가 직격탄을 맞은 경우도 있다. 황태축제로 유명한 인제군의 황태마을은 수많은 피서객이 잠시 쉬어가던 명소였다. 황태나 산나물 같은 상품들을 구매하면서 이 마을은 북새통을 이루던 곳이다. 하지만 새 도로건설 후 지금은 마을 전체가 사람을 구경하기 힘들 정도가 되었다.

그러고 보니 전국 곳곳에 길이 많아졌다. 기존에 있던 길옆에 더 큰 길이 생겼다. 주변에 길이 더 많이 생겼는데 동네는 활력을 잃어가고 있다. 길이 새로 생기면 사람이 몰려들고 동네에 활기가 돌아야 한다. 그런데 반대현상이 나타나고 있다. 사람들이 빠져나가고 외지인도 줄어들었다.

서울시립대 양승우 교수는 속도를 최우선시하는 우리나라 도로 설계방식의 문제점을 지적한다. 그러면서 이제라도 새 도로를 만들 때는 지역의 문화와 관광, 그리고 지역경제의 회복을 위해 신경 써야 할 때라고 말한다.

경전철과 지하철

철도나 도로보다 문제가 더 심각한 경우가 경전철이다. 경전철 하면 떠오르는 것은 적자, 파산, 운행중단 같은 부정적인 단어들뿐이다.

여기에는 의정부와 용인의 경전철이 한몫했다. 둘 다 지자체 장들이 앞장서 실적에만 급급해 정책을 도입한 결과다. 하나같이 업체들에 끌려서 시민들의 호주머니는 생각조차도 안 했기 때문이다.

그런데 이들보다 더 심각한 곳이 바로 김해 경전철이다. 한해 700억 원씩 적자를 보고 있기 때문이다. 하루 2억 원씩 손해를 보고 운행하고 있다. 하루 2억 원 정도이면 100만 원 정도의 최고급 리무진 버스를 임대하여 200대를 운영할 수 있는 돈이다.

김해시에 하루 50대만 무료 셔틀버스를 운행해도 시민들은 최고의 교통 서비스를 받을 수가 있다. 그런데에도 경전철을 도입해 시민들에게 평생 돈 폭탄을 하나 안겨준 것이다.

김해 경전철을 도입할 당시 나는 김해시민연대 대표직을 맡고 있었다. 시민단체들과 힘을 합해 경전철 건설을 반대했다. 대신 지하철을 유치하기 위해 지하철 유치위원회를 만들었다. 하지만 기득권을 가진 지자체 정치인과 업자들의 강행을 막지 못했다. 경전철은 100% 전액을 지방예산으로 건설해야 한다.

반면에 지하철은 70% 비용을 정부가 지원하기 때문에 30%만 있어도 된다. 기존의 지하철을 연장하기 때문에 별도로 운행시스템을 갖출 필요도 없다. 이에 비해 경전철은 운행시스템을 모두 새로 갖추어야 한다. 그래서 부대비용이 더 많이 들어간다. 용인이나 의정부 경전철이 파산하는 이유다.

김해시와 비슷한 인근 지역의 양산시는 같은 시기에 경전철 대신 지하철을 건설했다. 부산에 인접한 두 도시가 하나는 지하철, 하나는 경전철로 결정이 된 것이다.

몇 년이 지나 결과는 참담했다. 정부의 지원을 한 푼도 받지 못한 김해시는 1조 원이 넘게 들어간 건설비를 시민이 모두 떠안았다. 건설업체에 최저 운영수익을 보장해준다는 계약 때문에 매년 수백억 원을 시민들이 부담해야 했다. 부산의 지하철과 연계도 되지 않으니 역세권 개발 등 인구유입도 없었다.

반면에 지하철을 유치한 양산시는 전혀 달랐다. 무엇보다 정부의 지원을 받아 건설비용 부담이 거의 없었다. 여기에 지하철 역세권 개발로 토지를 분양해서 오히려 돈을 남겼다. 지하철 덕분에 양산시는 인구도 늘었다. 부산대학도 양산에 일부 캠퍼스를 옮겨 힘을 실어주었다. 김해시와 양산시가 비교되는 이유다.

최근 가덕도 신공항 건설 대신 김해공항 확장이 결정되자 김해시는 아쉬움이 더했다. 신공항 확장을 계기로 도시교통을 정부예산으로 새롭게 구축할 수 있었기 때문이다. 그런데 오히려 경전철이 도시를 가로막고 있어 새로운 도로계획에 걸림돌이 되고 있다. 부산에서 창원으로 가는 도시철도마저 김해시를 거치지 않고 다른 지역을 지나는 노선으로 건설하고 있다. 경전철과 연계가 안 되기 때문이었다. 이 모두가 선거로 뽑힌 실력 없는 정치인들이 업자들에게 이리저리 끌려다닌 결과다.

골목길과
포장길

골목길은 보는 사람에 따라 전혀 다른 모습으로 보인다. 보릿고개를 넘기면서 시골에서 가난하게 자란 사람들의 눈에 골목길은 배고픔과 가난의 상징이었다.

언젠가 돈을 벌면 마당까지 차가 들어오도록 길을 넓혀야겠다고 생각한다. "마을길도 넓히고 초가집도 없애고…" 많이 들어본 말이다. 어릴 적 많이 불렀던 새마을 운동의 노래 가사다.

그러나 시인의 눈에 골목길은 한 편의 시로 보인다. 역사학자의 눈에는 살아있는 박물관으로 보인다.

우리가 정겹게 부른 노래 "돌담길 돌아서며 또 한 번 보고…, 골목길을 돌아설 때 손을 흔들며…" 정두수 시인의 시를 노랫말로 옮긴 것이다. 이 돌담길, 골목길은 이제 순천의 낙안읍성, 전주한옥마을, 담양의 삼지네 마을에서나 겨우 볼 수 있다.

차가 다니기 편한 콘크리트 포장길에 벽돌 담장으로 바뀐 시골마을은 시간이 지날수록 텅텅 비어 가고 있다. 그런데 돌담길 골목길의 시골마을은 해가 갈수록 찾는 이가 많아지고 있다.

산토리니를
생각하다

세계에서 가장 가고 싶은 여행지는 어디일까. 두바이나 뉴욕 같은 화려한 곳이 아니라 파리의 오래된 카페거리나 태국의 수산시장 같은 곳이다.

사람들은 왜 화려한 곳이 아닌 비좁은 이곳을 찾는 것일까. 세계 여행지 Top 5에 드는 곳이 그리스 '산토리니'다. 가파른 해변에 오밀조밀 집들이 어우러진 작은 섬마을이다. 이곳은 차가 다니지 않는 꼬불꼬불한 골목길이 대부분이다.

어찌 보면 1960년대 우리나라 여느 시골의 모습과도 닮았다. 최근에는 국내에서도 골목길을 찾는 이가 많아졌다. 통영의 동피랑 마을길이나 부산의 감천문화마을이나 영도의 흰여울길 등이 대표적이다.

사람들은 왜 화려한 도시보다 비좁은 골목길을 따라 어우러진 이곳에 여행을 가고 싶어 할까. 일본의 심미주의 작가 니가이가후는 골목길을 '인간의 삶이 온전히 보전된 문화의 보고'라고 하였다.

골목길에는 삶의 역사가 고스란히 담겨있다. 발걸음 하나하나 옮길 때마다 온몸으로 느낄 수가 있다. 골목길에는 두바이나 도쿄 같은 화려한 도시에서는 볼 수 없는 문화가 숨어있다.

또 그곳에서 사는 주민들을 만날 수 있다는 것을 골목길의 가치로 들었다. 국외여행 때 도시보다는 태국의 수산시장이나 중국의 오지마을이 더 기억에 남는 것도 이 때문이다.

골목길의
가치

미국의 도시학자 제인 제이콥스(Jane Jacobs)는 골목길의 가치를 세 가지로 설명했다. 하나는 인간의 삶을 그대로 담고 있는 아기자기한 건물이 어우러져 있다는 것이다.

여기에다 골목길은 차가 없어 걷고 싶은 거리라는 것. 그리고 그곳에서 살고 있는 주민들을 만날 수 있다는 것을 골목길의 가치로 들었다.

골목길을 다양한 시각에서 연구한 연세대학 모종린 교수는『골목길 자본론』이란 책에서 골목길을 경제적인 가치로 풀어냈다. 차가 다니는 큰 대로변보다 차가 다지지 못하는 비좁은 골목길이 경제적인 가치가 높아지고 있다는 것이다.

홍대 주변, 인사동에서 시작된 골목길 상권이 서울에서만 30여 곳이 넘게 생겨나고 있다. 그동안 재개발로 대부분 사라져 버렸지만 이제야 골목길이 제대로 평가받고 있다.

덩달아 지방에서도 골목길이 살아났다. 대구, 광주, 부산에서도 변화가 일어나고 있다.

대구 동성로는 일제 강점기에 지었던 낡은 건물을 허무는 대신 옛 모습을 살려 카페거리로 조성됐다. 김광석 거리도 만들었다. 부산 영도의 해안가 마을은 한국의 산토리니라 불리며 찾은 이가 많아졌다. 동해 묵호항 주변 가파른 산자락에 자리한 달동네에 외국 관광객까지 몰려들었다. 신도시 때문에 상권이 몰락했던 마산 창동에도 젊은이가 넘쳐나고 있다.

개발업자와 상인	지역민과 문화인
· 비좁은 길을 없애버리고 대신 반듯한 큰길을 건설한다. · 차가 들어가도록 길을 넓히고 현대식 건물과 상가를 짓는다.	· 골목길은 세월 속의 추억을 담은 살아있는 역사이며 문화적 자산이다. · 그대로 보존하고 주변과 조화롭게 개발해야 한다.

▲ 골목길을 보는 시각에 따라

골목길을
살리는
방법

대전시는 꽤 오래전부터 도시 재개발 대신 골목길을 살리는 도시 재생을 택했다. 낡은 집을 헐고 그곳에 재건축 아파트를 짓는 대신 골목길을 살리는 정책을 편 것이다.

오래된 집은 수리를 하고 주변 시설을 보존하면서 조금씩 보완을 해 갔다. 주민은 어릴 적 뛰어놀던 골목길의 추억을 그대로 간직하게 되었다. 평소 시민을 생각하고 철학이 있는 시장을 선택했기 때문에 가능한 일이었다.

같은 기간 서울시는 정반대의 길을 선택했다. 대한민국 최고 건설회사 회장출신을 시장으로 선택한 결과였다. 그의 눈에 서울의 골목길은 어떻게 보였을까. 아예 동네 전체를 없애버리고 대신 고층아파트를 지을 생각에 들떠 있었을 것이다.

훗날 낡은 도시를 없애고 고층빌딩으로 발전시킨 훌륭한 지도자로 남을 것이라 확신했다. 건설사들은 봄날을 맞이했다. 부동산 업자들에게는 더없이 좋은 기회였다. 재건축 조합장이나 관련 담당자 등 갑의 위치에 있는 이들은 철저하게 자기 몫을 챙길 수 있었다. 달동네가 없어지고 낡은 집 대신 호텔 같은 새 아파트를 준다니 반대하는 주민의 목소리는 작아졌다. 서울시가 온통 재건축에 난리가 났다.

그곳에 살던 주민들은 재건축으로 새집을 얻었지만 남은 것은 은행 빚뿐이었다. 은행 빚을 감당하지 못하는 주민들은 살던 동네를 떠나야 했다. 주민들이 은행 빚으로 허덕이고 살던 곳에서 쫓기듯 떠나는 사이 나머지 사람들은 모두가 다 호주머니를 두둑하게 불렸다.

그곳에서 태어나고 자란 아이들은 골목길의 추억까지 빼앗겨버렸다. 그냥 잘 사는 나라가 되었으니 이제 새마을운동 때처럼 골목길도 없애고, 오래된 집은 허물고 새로 지어야 하는 것으로 생각했을 것이다.

새로 바뀐 시민운동가 출신 서울시장의 눈에 서울의 골목길은 어떤 모습으로 비쳤을까. 그는 변호사 출신이지만 대부분을 사회운동으로 보냈다. 시민운동의 원조 격인 참여연대를 설립하고 8년 동안 사무처장을 지냈다. 서민들을 위한 나눔과 복지재단인 〈아름다운가게〉를 만들었다. 평생을 서민들과 약자들을 위해 살아온 것이다. 그에게 골목길은 없애야 할 애물단지가 아니라 지켜야 할 유산으로 보였다.

하지만 재건축의 달콤함을 맛본 사람들은 이런 철학을 가진 새로운 시장을 반길 리가 없었다. 그들은 시청 앞에서 데모하고 인터넷에 악성 댓글을 달고 유언비어까지 퍼뜨리면서 저항했다.

다행히도 서울시는 골목길 철거를 멈추고 도시 재생이라는 이름으로 골목길을 지켰다. 차가 못 다니는 좁은 골목길에는 건축도 신, 증축도 할 수 없도록 1960년에 만든 악법을 50년 만에 없앴다.

골목길이
없는
도시

아파트 숲으로 이루어진 신도시에는 골목길이 있을 리 없다. 창원시나 세종시, 일산신도시 어디를 봐도 골목길이 없다.

그곳에서 자란 우리 아이들에게 골목길의 추억은 가질 수도 없다. 유독 아이들이 왜 골목길을 더 좋아할까. 어른들의 눈에는 골목길이 비좁게 보이지만 아이들의 눈에는 좁아 보이지 않고 아이들의 눈높이와 같은 크기로 느껴지기 때문이다.

천체물리학자 정운표 박사는 『티끌 속의 무한우주』라는 책에서 "사물의 공간은 생명체의 크기에 반비례한다."라고 설명을 한다. 우리가 보기에는 작은 운동장이지만 개미의 눈에는 제주도의 크기만큼 느낀다는 것이다.

영화 〈개미〉를 보면 신발에 달라붙어 개미가 이동하는 장면이 나온다. 이때 개미에게 신발은 항공모함과 같이 느껴진다. 어린아이들이 좁은 다락방 같은 곳에 있을 때 안정감을 느끼는 이유다. 어른의 눈으로 보면 아이들에게 크고 넓은 방이 좋을 거 같다. 하지만 지금 우리가 사는 어지간한 방은 아이들에게는 크고 썰렁하게 느껴진다. 어릴 때 다녔던 초등학교에 다시 가보라. 널따란 운동장이 얼마나 좁게 느껴지는지. 그동안 초등학교가 개발에 밀려 운동장이 줄어든 것일까.

정 박사에 따르면 시간은 생명체의 크기에 비례하여 빨리 지나간다고 한다. 어른들의 한 시간은 어린아이들에게는 서너 시간으로 느껴진다는 것이다. 어린 시절의 1년은 어른들이 보내는 4~5년과 같다. 어른들의 욕망과 눈높이만 생각하다가 골목길이 하나둘씩 사라지고 있는 것이다.

요즘 서울의 북촌 골목이나 전주한옥마을에 관광객이 넘쳐나 주민들이 불편을 겪고 있다는 뉴스를 본다. 연어가 고향을 찾듯이 사람들이 골목길의 추억을 찾아 자연스럽게 발길을 옮기기 때문이다. 늦었지만 지금이라도 골목길의 가치를 조금씩 인정받게 된 것은 얼마나 다행한 일인지 모른다. 명동이나 가로수길, 홍대 주변 길, 서촌의 먹자골목 등 골목길에 사람이 모이는 것을 주목해야 한다.

최근 서울시는 강남의 한 아파트를 재건축 허가를 하면서 40년 된 아파트 한 동을 보존하도록 하는 조건을 달았다. 오래된 아파트지만 주거문화로서 보존가치를 더 크게 본 것이다. 화려한 고층아파트 속에서 초라한 5층 아파트가 보기 흉하다고 반대할 법도 했지만 주민들은 반대하지 않았다.

도시는
무엇으로
사는가

우리는 그동안 살고 있는 사람 입장에서만 살기에 좋은 집, 화려한 집을 추구했다. 내 집, 내 가게, 내 아파트 단지만 생각하고 그곳만 꾸미는 데 집중했다.

그곳을 지나는 사람이나 주변의 사람 따위는 생각하지 않았다. 그 결과 아파트 높이만큼 주변사람들과 소통의 벽도 높아졌다. 아파트 단지 속은 좋아졌지만, 그 아파트 옆은 지나고 싶지 않은 거리로 만들어졌다.

『도시는 무엇으로 사는가』의 책으로 알려진 유현준 교수가 이에 대한 답을 잘 말해준다. 뉴욕과 강남의 거리를 비교했다. 뉴욕의 빌딩숲이나 뉴욕의 주택가는 걷고 싶은데 왜 강남의 빌딩이나 강남의 주택가는 걷고 싶지 않은가를 연구했다.

답은 간단했다. 강남의 주택이나 아파트는 그곳에 사는 사람을 생각했고, 뉴욕의 주택이나 빌딩은 그곳에 사는 사람보다 오는 사람, 지나는 사람을 생각했을 뿐이었다.

뉴욕의 빌딩 1층은 의무적으로 안이 훤히 들여다 보이는 상가를 짓도록 건축이 의무화되어 있다. 걷는 사람에게 볼거리를 제공하기 위해서다. 강남의 거리를 한번 걸어보라. 강남의 빌딩은 대리석의 화려한 간판에 굳게 닫힌 문이 전부다. 뉴욕의 주택은 담장이 없고 창문은 길 쪽으로 나 있고, 집 안 거실에 있는 사람이 밖에서도 훤히 보일 정도다. 지나는 사람과 집 안에 있는 사람이 서로 벽을 느끼지 않는 것이다.

강남의 주택과 아파트는 어떤가. 외부인은 주택이나 아파트 단지에 들어가기도 힘들다. 누가 사는지도 모른다. 그는 뉴욕을 거니는 사람들의 걷는 속도와 강남을 걷는 사람들의 속도를 비교했다.

뉴욕을 걷는 사람들은 시속 1.5km 남짓으로 천천히 걸었다. 건물 1층마다 들어선 상가를 구경하느라 그런 것이다. 그런데 강남을 걷는 사람들은 볼거리가 없어 앞만 보고 걸었다. 속도는 시속 4km를 넘었다.

걷고 싶은 거리와 걷고 싶지 않은 거리의 차이를 비교해 보면 도시를 어떻게 개발하고 보존해야 하는가를 알 수 있다.

편리함의
함정

땅끝마을로 잘 알려진 해남에 가면 달마산에 미황사라는 절이 있다. 그리 높지 않은 산이지만 산이 험해 사찰까지 가려면 보통 힘든 길이 아니다.

여느 사찰 같으면 신도들이 편하게 올 수 있는 도로를 생각했을 것이다. 아니면 멋진 남해바다를 구경하고 달마산에 오르면서 수익까지 챙기는 케이블카를 생각했을 것이다. 하지만 이 사찰의 주지인 금강 스님은 다른 생각을 했다.

그 옛날 선배 스님들의 수행길을 떠올렸다. 땅끝마을 사람들이 산길을 걸어서 장에 갔던 삶의 혼이 깃든 길을 생각했다. 달마산자락 곳곳이 철심과 말뚝에 나무 사이를 엮은 밧줄 때문에 신음하는 것이 항상 마음에 걸리기도 했다.

그냥 걷고 구경하는 올레길이 아닌 한 걸음 한 걸음마다 의미를 담은 길을 만들고 싶었다. 스페인 산티아고(Santiago) 같은 순례길을 떠올렸다. 하동 악양에 자리 잡은 최참판댁이나 해리포터가 태어난 곳처럼 소설 속의 마을을 만들어도 사람들이 찾는다. 작은 흔적이라도 찾아서 스토리를 만들고 싶었다. 이곳저곳 탐문하여 역사의 흔적을 찾았다.

『신증동국여지승람』에 '달마산은 달마대사의 법신이 늘 상주하는 곳'이라고 적혀 있는 글도 찾아냈다. 오래전 선배 스님들의 수행 흔적도 하나둘 찾았다. '달마고도(達摩古道)'라는 길은 그렇게 해서 만들어지게 되었다.

마침 지금 국무총리인 이낙연 총리가 지역 국회의원이었다. 스님의 이야기를 들은 총리는 모든 지원을 하기로 약속했다. 얼마 후 전남지사가 된 총리는 달마고도를 만드는데 든든한 후원자가 되었다.

17km에 달하는 길을 결정하는 데에만 6년이라는 긴 시간이 걸렸다. 바윗돌 하나, 나무 한 그루까지 스님이 직접 챙기면서 코스를 정했다. 수행길, 순례길의 의미를 담은 만큼 길을 만드는 과정 하나하나에도 혼을 담고 싶었다.

그래서 그 길을 만드는 데에는 곡괭이와 삽·호미만을 이용했다. 옛길을 복원하는 의미를 담은 만큼 중장비는 일절 사용하지 않고 대신 1,000년 전의 도구만을 사용했다. 산비탈 등에 놓여있던 바위와 돌·흙 무더기 등은 모두 맨손이나 지게를 이용해 운반해야 했다. 하루에 40여 명의 작업자가 250여 일 동안 작업을 했다. 작업자들은 큰 바위들이 많거나 위험한 코스를 만나면 '이곳만이라도 중장비를 쓰자.'라고 호소했지만, 금강 스님은 이것도 받아들이지 않았다.

달마고도가 완공된 지 1년도 안 되었지만, 입소문을 타고 전국에서 사람들이 몰려들었다. 건강을 생각해서 등산길, 올레길을 찾았던 사람들이 마음의 힐링까지 챙길 수 있는 수행길을 찾은 것이다.

아마 금강 스님이 아니었다면 달마고도는 만들어지지 않았을 것이다. 개발에만 관심이 있는 정치인을 만났다면 달마고도 대신 편안하게 산에 오르는 케이블카를 설치했을 것이다.

케이블카의
허상

지금 전국의 지자체들이 케이블카를 설치하기 위해 온 힘을 기울이고 있다. 무엇보다 관광객을 끌어모으기 위함이란다. 하지만 그 속내를 보면 서로 다른 생각에 갈등의 골이 깊어지고 있다.

설악산 대청봉을 힘들이지 않고 구경하면서 케이블카를 타고 편안하게 오르면 얼마나 좋겠는가. 여기에 관광수입까지 챙길 수 있으니 일거양득이 아닐 수 없다. 설악산에 가보고 싶어도 힘이 들어 못 올라가는 사람들은 대청봉에 편히 올라가는 길이 열린 것이다.

이 계획이 구체화되자 환경단체가 반발했다. 설치를 놓고 지자체와 20년째 줄다리기를 하던 설악산 케이블카는 보수정부가 들어서면서 허가를 내주었다.

그러자 지리산 노고단에도 케이블카를 설치한다고 나섰다. 이제 한라산 백록담에도 케이블카를 설치할 날이 머지않았다. 그들은 관광객을 위해서라고 할 것이다. 관광객들이 편안하게 산 정상에 오르도록 하기 위해서라고 말할 것이다. 편하고 쉽게 등산을 하고 관광객이 늘어나 돈도 벌고 당장은 좋을 것 같지만 많은 것을 잃게 된다.

산을 편하게 오르게 하려면	자연과 건강을 생각하면
· 자동차가 갈 수 있는 도로건설 · 케이블카 설치 · 쉽고 빠른 등산코스 개발	· 자연 훼손이 안 되게 보존 · 의미를 담은 코스 개발 · 순례길 같은 건강코스 개발

▲ 산을 바라보는 시각

케이블카를 설치하면 어렵게 걸어서 정상에 오르는 사람들이 하나둘 줄어들 것이다. 처음에는 케이블카가 있더라도 환경이나 건강을 위해 소신껏 걸어서 등산하는 사람도 있을 것이다.

그러나 한두 해가 지나면 등산객은 하나둘씩 줄어들 것이다. 아름다운 자연과 어울리지 않는 케이블카에 하나둘 발길을 돌릴 것이다. 자연을 그대로 간직하고 있는 태백산이나 소백산으로 등산코스를 바꿀 것이다.

설악산이나 지리산에 케이블카를 설치하는 정도는 그나마 이해할 만하다. 전라남도의 한 정치인은 목포에서 제주도까지 해저터널을 만들자고 제안하고 나섰다. 지금은 배나 비행기로밖에 가지 못하는데 터널을 뚫으면 고속철을 타고 쉽게 서울에서 제주도까지 갈 수 있다는 것이다. 또 터널공사로 지역경제에도 크게 도움된다는 것이다. 그러자 교통연구원이 연구해볼 가치가 있다고 거들었다.

이들은 하나만 보았지 둘은 보지 못했다. 제주도가 관광지가 된 것은 무엇보다 배나 비행기가 아니면 갈 수 없는 섬이기 때문이다. 제주도를 가본 사람이라면 공항이나 배를 탈 때 탑승절차를 밟으면서 묘한 긴장감을 경험한다. 내릴 때도 마찬가지다. 신분증을 검사하고 소지품까지 검사하지만 이를 불편하다고 항의하는 사람은 없다. 오히려 자신이 특별한 곳에 왔다는 느낌마저 자연스럽게 들게 된다.

사람은 힘들고 어렵게 갖게 된 것을 오래도록 간직하고 소중하게 생각한다. 아무리 좋은 것이라도 쉽게 얻으면 쉽게 잊어버리고 그 가치를 알지 못한다. 달마고도와 설악산 케이블카를 비교하는 이유다.

최근 방송에서 인기를 끌고 있는 〈정글의 법칙〉 등 예능프로그램들을 보면 이 같은 원리를 잘 말해주고 있다. 아프리카 오지에서 원시생활을 하는 연예인들의 모습이 그대로 안방에 전달된다. 초등학생 아들과 함께 유명 연예인들이 시골의 한적한 집을 찾아 도시의 편리함과는 거리가 먼 생활을 하는 모습도 있는 그대로 방송된다. 시청자들은 그들의 모습을 보면서 잔잔한 감동을 받는다.

산길을 돌아다니기 불편하다고 터널을 뚫고, 배를 타고 다니기 불편하다고 다리를 놓으면 사람 살기가 편하고 좋아질 것으로 생각한다. 안타까운 일이다. 목포 앞에 있는 아름다운 섬, 압해도 등 지금도 다도해 어지간한 섬들은 다리로 연결하는 계획이 착착 진행 중이다. 군산 앞바다의 아름다운 섬, 선유도는 진즉 육지가 되었다. 다리가 개통되는 날 섬 주민들은 잔치를 하고 축제분위기다. 섬이 육지가 되니 얼마나 좋겠는가.

그러나 하나만 보다가 더 많은 것을 잃고 있다는 것을 모른다. 섬이 다리로 연결되면 당장 여객을 실어 나르는 배들이 없어진다. 섬 곳곳에 도로가 닦이고 외지인들이 쉽게 들락거리게 된다. 섬마을 문화가 서서히 바뀌는 것이다. 다리 하나에 섬은 사라지고 육지로 연결되니 생태계까지도 하나둘 바뀐다.

쓰레기통을 없애라

최근에 건설한 도시에는 첨단 쓰레기 수거시설이 설치되어 있다. 이른바 '크린넷'이라는 쓰레기 자동수거 장치다. 마치 하수도 처리하듯이 지하에 매설된 관을 통하여 자동으로 쓰레기를 수거하는 시스템이다.

도시에 쓰레기 차량이 다닐 일이 없으니 단어 그대로 크린 시스템이다. 각 동마다 쓰레기 투입구가 설치돼 있으니 주민들은 투입구에 버리기만 하면 된다. 가구별로 받은 카드를 투입구에 대면 뚜껑이 열리고 쓰레기를 버리는 방식이다. 이 얼마나 편리한 시설인가. 하지만 문제가 한둘이 아니다. 최근에는 시설을 점검하던 직원이 통속으로 빨려 들어가 사망했다. 진공으로 빨아 당기는 힘이 엄청나서 늘 안전사고에 노출된다. 고장도 자주 일어난다. 이 시설을 위해 입주민들은 분양가에 가구당 400만 원 정도를 더 부담했다. 분양가에 이 돈이 들어간 사실을 아는 사람은 거의 없다.

크린넷은 판교신도시가 건설되면서 국내에 최초로 설치되었다. 도입 당시에도 고장이 잦고 사용이 불편하다는 주민들의 민원이 많았다. 운영비가 많이 들고 비상시에는 쓰레기차를 별도로 운영해야 하는 등 뒷말이 무성했다. 크린넷은 스웨덴 등 유럽의 일부 국가에 설치되어 운영하고 있다.

하지만 그곳 역시 이런저런 문제 때문에 철거하는 추세다. 그런데도 지자체의 전시행정에 떠밀려 도입하는 도시가 해마다 늘어나고 있다. 업자들에게 끌려다닌 결과다.

가장 큰 문제는 고장이나 비용이 아니라 다른 곳에 있다. 쓰레기가 근본적으로 줄지 않는다는 것이다. 쓰레기 버리기가 편리하면 쓰레기양은 절대로 줄어들지 않는다. 쓰레기를 줄이려면 수거함을 아파트 구석진 곳에 설치해야 한다. 그래야 쓰레기통까지 이동하기가 불편해 쓰레기를 줄일 수 있다.

1980년대까지 지은 아파트는 쓰레기 버리는 곳이 세대별로 베란다 한쪽에 설치되어 있었다. 굳이 문밖으로 나가지 않아도 집 안에서 쉽게 쓰레기를 버릴 수 있었다. 각 동마다 쓰레기가 넘쳐났다. 분리수거도 잘되지 않았다. 그러자 건설사는 새로 지은 아파트에 개선된 방식을 선보였다. 쓰레기 투입구를 세대마다 두 개를 만든 것이다. 하나는 마른 쓰레기, 투입구 하나는 젖은 쓰레기용이었다.

이것 역시 쓰레기를 줄이는데 별 효과는 없었다. 고민 끝에 구청에서는 쓰레기 투입구를 강제로 막았다. 주민들의 불만이 대단했다. 하지만 효과는 금방 나타났다. 단지 세대별 투입구만 막았는데에도 쓰레기양이 절반 이상이 준 것이다. 이후 돈을 주고 쓰레기를 버리는 종량제가 시행되고 난 후 쓰레기양은 70% 이상 줄었다.

내가 예전에 살던 아파트는 아파트 쓰레기 수거장에 매일 재활용 쓰레기를 버릴 수 있었다. 빈 병이든 신문이든 그냥 언제든지 버릴 수가 있으니 불편함을 느끼지 못했다. 그런데 새로 이사를 오니 이 아파트는 매주 화요일에만 쓰레기를 버릴 수 있었다. 처음에는 여간 불편한 것이 아니었다. 가끔 며칠째 베란다에 쌓여있는 쓰레기더미를 보면서 그 불만은 더했다.

그런데 한 달이 지나자 조금씩 변화가 생겼다. 우선 쓰레기를 가지런히 잘 정리해서 보기 좋게 베란다에 보관했다. 일주일이 되어 그대로 버리기만 하면 되는 것이다. 그리고 몇 달이 지나자 자연스럽게 재활용 쓰레기는 그 양이 줄어들었다. 단지 쓰레기를 버리는 불편함 때문에 쓰레기 발생량이 절반 이상 줄었다. 게시판에 안내문을 붙인 것도 아니요, 부인회가 나서 쓰레기 줄이자고 외치고 다닌 것도 아니다.

쓰레기를 줄이는 가장 효과가 있는 방법은 쓰레기통을 없애는 것이다. 사무실에 책상 자리마다 있는 쓰레기통만 없애도 당장 절반 이상을 줄일 수 있다. 모두가 불편함을 무릅쓰고서라도 쓰레기 수거함을 없애면 쓰레기를 거의 배출하지 않을 수도 있다. 그렇다고 쓰레기 수거를 갑자기 없앨 수는 없다. 상당기간 주민 모두의 노력이 있어야 한다. 쓰레기 수거함을 없애기까지는 다양한 방법을 시도해 볼 수 있다. 그렇지만 지금처럼 쓰레기 버리기 편한 크린넷 같은 시설이 있는 한 쉽지가 없다.

편리함을
앞세워

인간은 누구나 편리함을 추구한다. 청소기를 들고 다니면 청소하기가 불편하다. 이제 버튼만 누르면 로봇청소기가 스스로 알아서 이 방 저 방 알아서 청소를 한다.

세탁한 후 빨래걸이에 빨래를 말리는 것이 불편하다. 이제 세탁기에 건조기능을 더했다. 커튼을 여닫는 것도 불편하다. 그러자 침대에 누워서 리모컨만 누르면 된다. 현관에 손님이 와도 굳이 나가서 문을 열 필요가 없다. 그냥 앉아서 버튼만 누르면 열린다.

버스 한두 정거장쯤은 걸어 다니다가도 자가용을 이용하고 걷기를 포기한다. 평소 오르내렸던 계단도 승강기가 설치되면 계단 오르기를 포기한다. 기업은 이처럼 인간의 편리함을 앞세워 상품을 만들고 편리한 시설을 설치하여 자신들의 이익을 챙긴다.

모두가 몸의 움직임을 줄여 편리함을 주고자 한 것이다. 귀생사지(貴生死地)라고 했다. 몸을 귀하게 여길수록 빨리 죽는다는 뜻이다. 몸을 움직이지 않으면 건강이 점점 나빠진다. 전기 에너지를 소모하면 그만큼 비용도 들어간다.

여기에 탄소배출량이 늘고 오염도 많아져서 지구환경이 더러워진다.

몸은 언제나 편안함을 원한다. 서 있으면 앉고 싶고, 앉아있다 보면 눕고 싶다. 그러다 보면 내 몸은 점점 더 쇠약해진다.

속옷이나 양말 정도는 손빨래하면 건강은 물론 마음마저 깨끗해진다. 자신이 사용한 공간은 청소기 대신 손으로 청소하면 정신도 더 맑아진다. 승강기보다 계단을 이용하면 등산 못지않게 건강에 좋다. 전기를 쓰지 않으니 탄소배출량도 줄어든다.

하지만 청소기에 손이 간다. 세탁기통에 속옷이나 양말을 던져서 넣는다. 계단보다는 승강기 버튼에 먼저 손이 간다. 편리함에 익숙해지면 좀처럼 거기서 벗어나기 힘들다.

기업들은 편안함을 내세워 소비자를 유혹한다. 당신은 침대에 가만히 누워 있으라고 한다. 로봇이 알아서 다 해주는 시대를 만들겠다고 한다. 편안함은 건강과는 적이다. 당신이 오래 건강하게 살려면 편안함과 거리를 두어야 한다. 새들은 하루에 200km 이상 날아다닌다. 사자는 하루 80km 이상을 뛰어 걷는다. 이들이 쉬지 않고 날고 걷는 것은 생존을 위한 법칙 때문이다.

교통인가
레저인가

가까운 거리는 자가용 대신 자전거를 타면 도시는 건강해진다. 탄소배출량도 줄어들고 교통사고도 줄어들 것이다. 교통량도 줄어드니 도시는 한결 여유로워진다. 여기에 건강도 챙길 수 있으니 자전거야말로 일거양득인 셈이다.

창원시는 자전거도시를 만들기 위해 2008년 프랑스, 독일, 네덜란드, 영국 등 유럽의 도시를 돌아보았다. 그리고 프랑스 파리의 자전거 '벨리브'를 본떠서 '누비자'라는 이름으로 자전거도시를 만들었다. 성공을 거두는 듯 보이자 전국의 자체들이 누비자를 배우려고 창원시를 찾았다.

10년이 지난 지금 창원시의 누비자 자전거는 3천 대에서 6천 대로 두 배가 늘었다. 그런데 이용객은 오히려 줄어들어 고심하고 있다. 시에서는 이용객을 늘리려고 온갖 아이디어를 내고 있지만 좀처럼 늘지 않고 있다. 이용객의 상당수가 5km 이상을 이용하는 것으로 파악되자 이용을 늘리기 위해 전기자전거 도입까지 검토하고 있다. 하지만 뾰쪽한 대책을 내놓지 못하고 있다.

왜 그럴까. 이용객이 갈수록 적은 이유는 다른 곳에 있다.

애당초 창원시에서는 자전거를 교통수단으로 보고 자전거도시를 기획하였다. 하지만 자전거는 교통수단보다 레저수단으로 보아야 한다. 내가 중학교에 다니던 시절, 3년 내내 20리(8km)가 넘는 시골길을 자전거를 타고 통학을 했다. 1970년대 자동차가 없을 때에 자전거는 최고의 교통수단이었다.

그때와 비교하면 세상은 너무도 변했다. 이제 출퇴근이나 통학을 위해 자전거를 이용하는 사람은 많지가 않다. 대부분 건강을 위해 자전거를 탄다. 한 조사기관에 따르면 자전거를 타는 사람들의 75%는 레저나 건강을 위해서라고 답을 했다. 단지 15%의 사람만이 교통수단이라고 답을 했다. 그들마저도 운전하지 못하는 사람이나 자동차가 없는 사람이 대부분이었다. 요즈음은 경비원들도 자전거 대신 오토바이를 타고 다닌다.

창원시 조사결과 가정에 보유하고 있는 자전거는 27만대인 것으로 조사되었다. 그들이 자전거를 구매하는 이유를 보자. 출퇴근이나 통학을 위해 자전거를 구매하는 사람은 거의 없다. 교통사고를 줄인다고 하지만 가정에서는 교통사고 위험 때문에 더더욱 자전거 이용을 꺼린다. 대부분은 건강을 위해 자전거를 구매한다.

교통수단	레저 및 건강수단
· 공용자전거 도입 · 도심에 자전거도로 확대 · 자전거 이용자 지원 · 자전거 유지관리 지원	· 시외나 강변에 자전거도로 개설 · 자전거 주차장 등 인프라 구축 · 레저용 자전거 보조금 지원

▲ 공용자전거 도입의 목적

자전거를 교통수단으로 보느냐 아니면 레저 및 건강수단으로 보느냐에 따라 정책을 다르게 해야 한다. 창원시민들이 자전거를 교통수단으로 이용한다면 누비자는 성공을 거둘 것이다. 반대로 레저 및 건강을 목적으로 자전거를 이용한다면 누비자는 애물단지로 전락할 것이다.

창원시가 벤치마킹을 다녀온 프랑스, 독일 등 유럽의 경우 자전거는 오래전부터 교통수단이었다. 대부분 자동차 대신 자전거를 타고 시내를 다녔다. 그러다 보니 '벨리브'라는 공공자전거를 도입해도 시민들은 그동안 이용했던 개인 자전거와 함께 자연스럽게 공공자전거를 이용한 것이다. 유럽과 달리 창원시는 누비자를 이용하기 전 자전거를 이용하여 출퇴근하거나 볼일을 보러 다니는 사람은 거의 없었다. 이런 상황에서 공공자전거를 시작으로 자전거 이용을 활성화해보겠다고 나선 것이다.

자전거를
타게
하려면

인간은 뻔히 알면서도 합리적인 선택을 하지 못한다. 절대적으로 환경의 영향을 받는다. 엘리베이터보다 계단을 이용하면 건강에도 좋고 에너지도 절약된다. 3층이나 5층까지는 걸어서 올라가야 한다.

하지만 엘리베이터를 두고 3층까지 계단을 이용하는 사람은 거의 없다. 그래서 계단을 이용하게 하려고 온갖 방법을 동원한다. 건강만을 생각한다면 엘리베이터를 없애면 된다. 그렇게는 할 수 없으니 아예 3층까지 버튼을 조작하지 못하도록 한다.

에스컬레이터나 엘리베이터를 두고 저절로 계단을 이용하도록 하기 위한 다양한 아이디어가 나왔다. 피아노 계단이 그것이다. 계단을 오르내리면 피아노 소리가 나도록 만들었다. 한 계단 한 계단에 포스터를 써 놓은 곳도 있다.

"오래 살고 싶으면 계단을 이용합시다. 한 계단에 4초의 수명이 연장됩니다."

이 글을 보고 계단을 오르지 않을 사람은 없을 것이다.

계단 하나를 두고도 합리적인 선택을 하지 못하는데 자전거를 이용하도록 한다는 것은 쉬운 일이 아니다. 이 같은 사실을 잘 알고 있는 포항의 한 기업에서는 자전거타기 활성화를 위해 두 가지 정책을 펴서 큰 효과를 거두었다.

하나는 자전거를 이용하는 사람들에게 인센티브를 주는 것이다. 개인의 자전거에 고유번호가 달린 센서를 달아서 정문을 통과하면 매일 1,000원씩 마일리지를 주었던 것이다. 5만 마일리지 이상이면 언제든지 현금으로 쓸 수 있도록 했다.

다른 한 가지는 고급자전거의 보급 확대였다. 대부분 자전거는 10만 원도 안 되는 저가자전거다. 그러다 보니 몇 달 쓰다가 고장이 나면 아무 곳에나 버리게 되어 자전거는 천덕꾸러기 신세였다. 자전거를 자동차처럼 아끼고 관리가 되려면 100만 원 이상 되는 고가자전거의 보급이 우선되어야 했다.

회사에서는 자전거 회사와 협의를 하였다. 시중에 120만 원 하는 자전거를 70만 원에 보급하기로 했다. 개인이 50만 원을 부담하면 회사는 20만 원을 보조했다. 120만 원쯤 하는 자전거이다 보니 자전거에 대한 애착도 컸다. 고가의 자전거를 타보고 싶어 자전거를 이용하는 사람이 늘었다.

시민들의 자전거 이용이 활성화되려면 다음 몇 가지 중 한두 가지는 충족되어야 한다.

첫 번째는 차를 타는 것보다 자전거를 타는 것이 더 편리해야 한다. 자동차로 가면 30분이 넘게 걸리는데 자전거를 타면 10분밖에 걸리지 않으면 사람들은 자동차 대신 자전거를 탈 것이다.

둘째는 어쩔 수 없이 자전거를 탈 수밖에 없는 정책을 펴는 것이다. 특정 요일을 정해 차가 다닐 수 없게 강제로 정책을 펴는 것이다. 일정한 도로는 차를 못 다니게 하고 자전거만 다니도록 하는 것이다.

세 번째는 자전거를 타면 자동차에서는 볼 수 없는 볼거리가 있도록 자전거 전용도로를 만드는 등 자전거 인프라를 구축하는 것이다. 카페거리나 상가지역을 자동차는 갈 수 없지만, 자전거는 타고 다닐 수 있는 자전거 전용거리도 지정한다.

유럽 대부분 나라들은 이러한 조건이 저절로 갖추어진 나라들이다. 이들 도시 대부분은 마차가 다니던 시절에 도로가 건설되었다. 마차의 속도는 자전거의 속도와 거의 같다.

따라서 마차의 속도인 자전거를 타고 다니면 걸을 때와는 다른 거리와 주변의 모습을 볼 수 있다. 도로는 비좁아서 시속 20km를 내기도 힘들다. 차가 많이 다니지 않으니 매연도 없다. 여기에 주차장도 거의 없다. 운전하느라 구경도 힘들다. 차가 다니기 불편하니 자전거 타는 사람이 많은 것이다. 자전거를 타는 것이 자동차를 타는 것보다 훨씬 더 좋은 점이 많기 때문이다.

네 번째는 레저용 고급자전거의 보급이다. 포항의 기업과 같이 100만 원이 넘는 자전거를 보급하도록 한다. 사람들은 비싸고 가치 있는 물건에 애착을 둔다. 사람들이 명품에 애착이 가는 것도 품질보다도 가격의 영향이 크다고 한다.

유럽의 명품 브랜드가 고가정책을 펴는 이유도 이 때문이다. 중국의 공유자전거가 애물단지로 전락한 것을 타산지석으로 삼아야 한다.

건강을
위협하는
자전거

　　　　　창원시는 애초에 유럽의 고풍스러운 도시를 보고 만든 도시가 아니다. 대신 땅이 넓은 나라 호주의 신도시 캔버라를 벤치마킹한 도시이다.

　도시 중앙에 10차선에 18km의 직선 도로가 나 있는 도시이다. 자동차 도시답게 전국에서 유일하게 골목이 없는 도시이기도 한다. 한마디로 자동차를 가진 사람은 편리하다. 반면에 자전거를 가진 사람은 불편한 도시이다.

　무엇보다 자전거를 외면하는 이유는 자동차의 매연 때문이다. 자동차가 내달리면서 뿜는 매연을 마시면서 자전거를 타고 가보라. 건강은커녕 공해 때문에 건강이 더 나빠질 것 같은 생각이 든다. 건강을 위해서 자전거 타는 것이 좋을 것으로 생각했는데 정작 그 반대인 셈이다.

　세종시를 비롯한 신도시들이 자전거 전용도로를 만들면서 8차선 한가운데에 자전거 전용도로를 만들었다. 자전거를 몇 번 타본 사람이라면 출퇴근 시간에 이런 곳에서 자전거를 타는 것이 얼마나 큰 고통인지 경험했을 것이다.

　걷는 것과는 달리 숨이 차올라 마스크 착용도 쉽지가 않다. 자동차나 보행자보다 교통사고 위험에 더 쉽게 노출이 된다. 그러니 하다못해 자동차가 다니는 길은 피해서 자전거도로를 만들어야 한다. 건강을 생각한다면 기존의 차도 옆에 자전거도로를 만들 것이 아니라 매연이 덜한 하천길이나 산자락에 자전거 전용도로를 만들어야 한다.

그런데도 창원시는 자동차도시인 이곳을 자전거도시로 만들었으니 앞으로가 더 문제다. 여기에 15%도 안 되는 시민만이 누비자를 이용한다. 그들을 위해 연간 수십억의 돈을 들여 자전거도시를 운영하고 있다. 형평성의 원칙에도 벗어난다. 창원시가 자전거도시가 되려면 계속 돈이 들어가는 누비자를 없애고 그 돈으로 자전거 관련 인프라를 구축해야 한다. 그래야만 해가 지날수록 자전거 이용자가 늘어나 지속 가능한 자전거도시가 될 수 있다.

여기에 자전거 운전자들은 안전을 위해 헬멧을 의무적으로 착용해야 한다. 개인이 집에서 보관하는 자전거는 문제가 안 되지만 공용자전거의 헬멧은 사정이 다르다. 개인이 머리에 쓰다 보면 땀도 나고 머리의 크기에 따라 규격도 다를 것이다.

결국, 헬멧만큼은 공용으로 이용하기가 힘들다는 의견이 지배적이다. 그렇다고 개인이 헬멧만 따로 소지하고 다닐 수도 없는 노릇이다. 가뜩이나 이용자가 줄어드는 마당에 담당자는 이래저래 고민이 늘었다.

그동안 자전거를 교통수단으로 보았다면 이제는 자전거를 건강이나 레저수단으로 보아야 한다. 유럽과 같이 또 다른 교통문화로 보아야 한다. 자전거를 직접 구매하여 관리하고 운영하면 매년 엄청난 비용이 들어간다.

이제 다른 방법을 찾아야 한다. 시에서 자전거를 직접 구매하고 관리 운영하는 방식에서 벗어나야 한다. 앱을 직접 개발하는 게 아니라 앱스토어(AppStore)를 만들어 누구나 앱을 개발하여 거래할 수 있도록 플랫폼(Platform)을 만드는 것과도 같다.

시에서는 자전거 인프라를 조성하여 보이지 않는 역할만 하는 것이다. 그래야만 시민들이 직접 좋은 자전거를 구매하여 애정을 가지고 타고 다닌다. 여기에다 자전거 생산자는 경쟁적으로 좋은 자전거를 생산한다.

결국, 시민들이 스스로 자전거를 탈 수 있게 정책을 펴야 한다. 이를 위해서는 차가 다니지 않는 곳을 골라 자전거 전용도로를 만들어야 한다. 건강과 레저를 위해 다양한 자전거 코스를 올레길처럼 개발해야 한다. 좋은 자전거를 저렴하게 구매할 수 있도록 지원해야 한다. 그래야만 지속가능 한 자전거도시가 될 것이다.

병원이
많으면
건강도시인가

자전거뿐만 아니라 모든 것이 같은 이치다. 그 목적이 명확해야 한다. 도시는 아파트, 집, 대학, 상가, 공장 등이 균형 있게 어울려 있어야 제 기능을 발휘한다. 건설업자들과 정치인에 끌려다니다 가는 도시는 균형을 잃고 망가진다.

요즘 지자체들은 도시에 인구가 줄어들어 고심이다. 그중 젊은이들이 줄어들면 더욱 그렇다. 도시에 젊은이들이 많이 오게 하려면 젊은이들이 올 수 있는 여건이 되어야 한다. 무엇보다 좋은 대학이나 문화시설 등 사회 기반시설이 잘 구축되어 있어야 한다. 도시에 아파트만 들어서 있고 대학이나 문화시설이 들어설 자리에 병원, 상가만 있다면 젊은이들은 도시를 떠나갈 것이다.

고등학교 졸업생의 80%가 타지로 가는 도시가 있다. 바로 창원이다.

창원에 있는 대학은 폴리텍대학을 포함해도 총 6개뿐이다. 비슷한 규모의 광주광역시는 대학이 총 21개나 된다. 가까운 김해는 5개, 진주만 해도 7개나 된다.

그런데 인구가 비슷한 광주광역시의 1/4밖에 안 된다. 왜 그럴까. 창원시는 대학을 유치하는 대신 대학병원 유치에 공을 들였다. 국내 1호 건강도시라는 명분에 집착해서 병원 유치에 공을 들인 것이다.

국립 경상대학교가 대학본부를 창원으로 옮기면서까지 창원대와 통합을 추진했지만 끝내 창원시가 반대했다. 대신 대학병원만 들어오도록 부지를 마련해 주었다. 그런데 도청 뒤에 역사 주변을 개발하면서 새로운 대학병원을 유치했다. 이미 대학병원이 네 개나 있는 데에도 말이다. 병원이 많으면 건강도시일까 환자도시일까 혼돈이 온다. 창원시의 병원 집착은 병원 관련자들에게 끌려다닌 결과다.

창원시는 도시 주택가 한가운데 있는 공원을 개발했다. 그곳에 컨벤션센터와 복합 쇼핑몰을 갖춘 수천 세대의 초고층 아파트를 지었다. 규모는 거의 미니 도시급이다. 그러자 도시는 밀집되고 균형을 잃어갔다. 이 정도의 도심시설은 시 외곽에 건설해서 도시를 분산시키면서 확장해야 한다. 도시전문가들이 가장 아쉬워하는 부분이다.

창원시는 진해만, 마산만 등 아름다운 바다를 끼고 있는 도시다. 가포만을 가로지르는 마창대교에서 마산항을 바라보면 나폴리항보다 더 아름답다. 인근에는 창녕 우포늪이나 주남저수지 등 순천 못지않게 천혜의 자연조건이 갖추어져 있다. 이런 이유 때문에 우포늪이 순천만보다 람사르에 먼저 지정이 되었다. 여기에 람사르 한국본부까지 창원시에 자리하고 있었다. 그러나 예산을 이유로 람사르 본부마저 이미 순천으로 넘겨주었다.

최근에는 도심에 위치한 사단 규모의 군부대가 시 외곽으로 이전했다. 시민들은 수십만 평의 군 부지가 어떻게 개발될까 기대했다. 시민단체는 시민 공원이나 대학이 유치되기를 원했다. 그러나 그 자리에 7천 세대의 아파트를 지어 분양했다. 순천시와는 정반대의 길을 가고 있다. 아파트만 넘쳐나니 도시는 금방 균형을 잃어갔다. 전국에서 아파트값이 가장 많이 떨어지고 미분양이 빠르게 늘어갔다. 주택은 빈집으로 넘쳐나고 있다. 전문가들은 이제 시작일 뿐이라고 말한다. 아직도 창원시는 그 원인을 잘 모르고 인구유입에 고심하고 있다.

더욱 안타까운 것은 2018년 국제사격대회를 유치하면서 도시가 재도약할 기회마저 놓쳐버린 것이다. 창원시 사격장은 주택가 산자락에 있다. 좁은 도로에 버스 한 대 지나갈 수도 없는 곳이다. 그런데 창원시는 어찌 된 영문인지 사격장을 옮기지 않은 채 건물만 허물고 다시 지었다. 그러면서 창원 방문의 해라고 대대적인 홍보를 하며 관광객 유치에 힘을 쏟았다. 그러나 주택가 골목길 끝에 있는 국제 사격장에 관심이 있는 이는 아무도 없었다. 마산만이 한눈에 보이는 산자락이나 로봇랜드가 들어서는 가포만 정도에 국제사격장을 건설한 후 국제사격대회를 치렀더라면 하는 아쉬움이 두고두고 남는 이유다.

자전거 이용을 늘리려면 자전거 기반을 구축해야 하는 것처럼 인구를 늘리려면 대학을 비롯한 다양한 사회환경을 조성해야 한다. 공공자전거를 많이 들여 놓아도 결코 자전거 이용자는 늘지 않는다. 자전거를 교통수단으로 보고 있기 때문이다. 아파트를 많이 짓는다고 인구가 늘어나지 않는 것도 마찬가지다.

강은
호수가
아니다

유럽을 여행하다 보면 강줄기를 따라 여유롭게 다니는 유람선을 종종 보게 된다. 제법 큰 배들은 짐을 가득 싣고 다닌다.

강이 중요한 교통수단이기 때문이다. 여기에 호수를 빼놓고는 유럽을 이야기할 수 없다. 호숫가에 있는 고풍스러운 마을들은 여행객의 눈길을 사로잡을 만하다. 이처럼 여행객의 눈에 비친 호수와 강은 한 폭의 그림으로 보인다.

반면 호숫가에 사는 사람들은 그곳이 생계의 터전이다. 호수에서 고기를 잡고 농사를 지으며 살아간다. 가뭄이라도 들어 호수에 물이 줄어들거나 홍수에 호수가 넘치기라도 하면 당장 안전과 생계부터 걱정해야 한다.

여행객의 눈에는 낭만으로 보이지만 그곳 뱃길을 생업으로 삼는 사람들에게는 그리 낭만적인 곳이 못 된다. 갑문을 통과할 때면 오랜 시간을 기다려야 한다. 그뿐인가 홍수도 걱정해야 하고 강물의 오염을 걱정하는 환경단체의 반발에 항상 눈치를 봐야 한다. 물고기를 잡으며 생계를 이어가는 지역주민은 강물에 가족의 생계가 달려있다. 환경을 생각하는 사람들에게는 자연 그대로의 모습이 가장 아름답게 보인다. 그곳에 서식하는 물고기나 동식물을 걱정한다. 교통 관련자들에게는 강을 뱃길로 만들면 훌륭한 교통수단이 될 것으로 보인다. 개발업자는 중간마다 물길을 막아 댐을 설치해 호수로 만들 궁리를 한다. 그곳에 요트와 리조트가 어우러진 개발을 하면 돈이 되는 부동산으로 보일 것이기 때문이다.

우리가 여행에서 잠시 본 그림 같은 유럽의 호수와 강은 겉으로는 아름답게 보이지만 그 속에는 보이지 않는 애환과 역사를 담고 있다. 겉모습만 보고, 라인강의 뱃길을 부러워하고 그들을 따라서 강을 개발한다면 많은 것을 잃게 된다. 이처럼 강 하나를 두고서 보는 이에 따라서 전혀 다른 모습으로 보인다.

개발업자	지역주민	환경관련자
· 수변도시 개발 · 운하 관광지 건설 · 골재 채취 · 수력발전소 건설	· 물고기잡이 · 농업용수 · 홍수 걱정	· 생태계 보전 · 환경파괴 걱정 · 수질오염 · 동식물 서식보호

▲ 강을 보는 시각에 따라

모든 자연은 존재이유가 있다. 가끔은 인간의 손길을 거쳐 더 나은 모습으로 다가오기도 하지만, 존재이유를 외면하고 개발한다면 자연은 큰 재앙으로 다가온다. 아라뱃길이 그렇고 말썽 많은 4대강이 그렇다.

강이 왜 생겼는지 생각해보면 강의 존재이유를 알 수가 있다. 강은 무엇보다 산에서 출발한 물을 바다로 흐르도록 하는 물길이다. 하수도와 같은 역할을 하는 것이다. 이 물길을 따라 수많은 물고기가 살고 있다. 그런데 이 물길을 중간마다 콘크리트 댐으로 막아버렸다. 물길을 막아 지천에서 내려오는 물이 잘 흐르지 못하니 당장 홍수를 걱정해야 한다. 홍수를 막는다고 하지만 대부분 홍수는 물이 잘 내려가지 못해서 일어난다.

강의 수위가 높아져 지천의 물이 잘 빠지지 않아 홍수가 더 나게 된다. 물고기는 삶의 터전을 잃고 사라지게 된다. 산란을 위해 수억 만 리 태평양을 헤엄쳐온 연어나 뱀장어는 갈 곳을 잃고 죽어간다.

물고기는 모래와 햇볕이 있어야 알을 낳고 살 수가 있다. 하지만 깊은 곳에는 모래도 없고 수압이 높아 알을 낳지 못한다. 1m 이상 되는 깊은 곳은 햇볕이 들지 않아 수초가 살지 못한다. 결국 그곳에서는 물고기가 살 수 없다.

4대강

그런데 우리의 4대강은 강의 가장 기본적인 기능 두 가지를 모두 다 없애버렸다. 강이 죽어 가는데 요트를 띄우고 주변에 공원을 만들면 무슨 소용이 있겠는가. 예뻐 보이려고 성형을 하다가 잘못되어 죽어버리면 무슨 소용이 있겠는가?

더욱 안타까운 것은 선진국들은 강을 막은 댐을 부수고 보를 철거하고 있는데 우리는 그때 반대로 강을 막고 댐을 건설하고 있었던 것이다. 독일에서 강에 있는 댐 철거운동에 앞장섰던 환경전문가 알폰스 헨리히 프라이제(Alfons Henrichfreise) 박사가 한국을 방문했다. 그는 호수로 변한 4대강을 보고 눈물을 흘렸다고 한다.

또 하나 아쉬운 것은 추진과정이 너무 잘못되었다는 것이다. 아무리 목적이 좋아도 수단과 방법이 잘못되면 결과가 좋을 리 없다. 익산 미륵

사지석탑은 복원작업을 하는데 20년이란 시간이 필요했다. 불이 난 숭례문을 복원하는데도 5년이란 시간이 필요했다.

4대강뿐만이 아니라 어떤 분야이든 새로운 변화에는 많은 문제가 발생하게 된다. 어항의 물이 더럽다 하여 더러운 물을 모두 버리고 깨끗한 물로 갈아줘 보라. 어항 속의 물고기는 갑자기 바뀐 환경 때문에 모두 죽어버린다. 작은 어항의 물 하나를 갈아주어도 이러는데 전국의 강을 바꾸는 사업이다. 조경전문가들에 따르면 소나무 한그루를 옮겨 심는 데 3년이 걸린다고 한다. 그리고 소나무가 완전히 뿌리를 내리고 안심하기까지는 꼬박 10년이 넘게 걸린다고 한다.

아무리 좋은 정책이라도 시범사업을 먼저 해보고 문제점이 있는지 없는지 검토를 한 후에 단계별로 시행해야 한다.

맨 먼저 전문가들의 의견을 수렴해야 한다. 강을 개발한 경험이 있는 독일이나 네덜란드 등 유럽부터 가봐야 한다. 유럽이 아니면 가까운 이웃나라 일본이라도 가 보았어야 한다. 그때 일본이라도 갔더라면 강을 막은 댐을 부수고 강을 자연으로 복원하는 현장을 여러 군데에서 보았을 것이다. 가장 아쉬운 점이다. 이걸 못했다 해도 그 정도 큰 사업이라면 가상의 강을 만들어 1년 이상 모의실험부터 해야 한다.

실험결과에 문제가 없으면 낙동강이든 영산강이든 한 곳을 선정한다. 하나의 강이 선정되면 강 전체가 아닌 특정구간 한 곳을 선정한다. 이곳에 보를 막고 물을 가두고 강바닥을 파내기도 하여 개발해본다. 그리고 난 후 여러 해를 두고 결과를 지켜본다. 그리고 전문가는 물론 지역주민 이해 당사자 등 각계각층의 여론을 수렴한다.

문제가 없으면 강 하나를 대상으로 개발하고 시간적 여유를 가지고 강 전체로 확대한다. 그다음 또 몇 년을 두고 본다. 그간의 문제를 보완하여 시차를 두고 또 다른 강으로 확대해 개발한다. 이런 절차를 거쳤더라면 4대강을 다 개발하려면 아무리 적게 잡아도 300년은 족히 걸렸을 것이다. 그런데 100분의 1로 기간을 줄여 3년 만에 뚝딱 개발해 버렸으니 말이다. 그 누구도 4대강 개발을 막지 못했다.

불행하게도 대통령을 비롯하여 4대강 부역자로 불리는 그들이 하나같이 갑의 위치에 있었기 때문이다. 환경을 걱정하고 생태계 파괴를 걱정하는 사람들의 목소리는 갑에게 무참히 짓밟혔다. 그렇게 개발된 4대강은 모두가 걱정하는 몇 배 이상 참담한 모습으로 우리에게 다가왔다.

집은 잘못 지으면 부수고 다시 지으면 된다. 자동차나 냉장고는 잘못 만들면 다시 만들면 된다. 그렇지만 4대강은 자연이다. 단어 그대로 스스로 수백만 년 동안 만들어온 결과물이다.

이제 망가진 4대강은 후손들에게 또 다른 유산으로 남겨지게 되었다. 하지만 그들은 결코 자신들의 의견이 잘못되었다고 생각하지 않는다. 그들은 자신들이 개발한 4대강이 오래전부터 논의된 내용이라고 한다. 그것을 자신들이 과감히 개발했으며 홍수를 예방하고 가뭄을 극복하는 등 큰 효과를 보았다고 주장한다. 그들은 자연을 방치하는 것과 보완하고 보호하는 것을 구분하지 못하고 있기 때문에 그런 주장을 한다.

자연을 무조건 방치하는 것도 잘못한 일이지만 마구잡이로 개발하는 것은 차라리 방치하는 것만 더 못하다.

마산만
&
순천만

전국의 지자체 관광지 중 연간 900만 명이 넘는 관광객으로 수년째 1위의 자리를 지키고 있는 곳이 있다. 바로 순천만 국가정원이다.

원래 이곳은 쓸모없는 애물단지였다. 그러다 보니 건설업자들도 외면하는 흙모래만 여기저기 언덕을 이루고 있었다. 그나마 가끔 보이는 모래톱은 골재 채취업자들이 눈독을 들이고 있었다. 도시 근교이고 그냥 내버려 두자니 흉물 같아서 그대로 방치할 수도 없었다. 매립하여 논밭을 만들려고 해도 도저히 수지타산이 맞지 않았다. 그렇다고 부산이나 울산처럼 공업도시도 아닌데 이곳을 매립하여 공단으로 개발할 수도 없는 노릇이었다.

이때 환경운동가 출신이 시장으로 선출되었다. 그는 죽어가는 오염 되어 쓸모없는 이곳을 어떻게 하면 살릴 수 있을까 고민했다. 인근에 있는 순천만의 갈대숲과 조화롭게 개발할 수는 없을까. 출퇴근 때면 일과처럼 꼭 이곳을 둘러보았다. 다행스럽게도 인근 순천만의 갯벌을 가득 메운 갈대밭은 사진작가들에게 잘 알려진 곳이었다. 그는 갈대숲과 잘 어울리는 숲을 떠올렸다. 모두가 애물단지라고 생각한 흙모래 톱이 그의 눈에는 나지막한 정원으로 보였다. 오늘날 순천만 국가정원은 이렇게 해서 만들어지게 된 것이다.

순천시는 람사르가 인정하는 습지도시가 되었다. 이제 세계가 인정하는 생태도시가 된 것이다. 그 중심에는 순천만이 있다. 오늘날 순천만을 있게 한 일등공신은 순천의 시민들이다. 순천만 인근에는 높은 건물을 짓지 않도록 하는데 시민들이 앞장을 섰다. 초고층 아파트를 짓는 다른 도시와 비교되는 이유다.

시에서는 주변에 있는 전봇대를 모두 뽑았다. 시민들과 힘을 합하여 개발 우려가 있는 농경지나 주차장은 습지로 복원시켜 철새 쉼터로 만들었다. 순천만 주변 농민들은 친환경 벼를 재배해 겨울철 철새들 먹이로 공급하고 있다. 갯벌을 막아 공장을 짓고 초고층 아파트를 짓는 다른 지자체와 달리 시민들이 앞장서 보호한 것이다.

그들의 노력은 헛되지 않았다. 순천만과 국가정원을 잇는 생태관광지는 우리나라 국민들이 가장 가고 싶어 하는 관광지가 되었다. 수십조 원을 들여 강변의 모래사장을 파내고 만든 공원이 찾는 이가 없어 잡초밭으로 변하고 있는 것과 대조적이다.

개발의 욕심 때문에 순천만과 정반대의 길을 택하여 애를 먹고 있는 지자체도 있다. 가고파의 고장 마산만이 바로 그곳이다. 창원시는 가고파의 고향 마산만을 보존하는 대신 매립하여 제2의 신도시를 만들 계획을 세웠다. "내 고향 남쪽바다. 그 푸른 물결…" 고향을 그리워하는 모든 이의 고향인 가포만은 그렇게 망가져 버렸다. 시는 수천억을 들여 34만 평을 매립하기로 했다.

그나마 환경단체들의 반대에 부딪혀 20만 평만 매립하기로 하고 공사를 시작했다. 그리고 개발업자를 찾아 나섰다. 선뜻 나서는 기업이 없었다. 여기에다 마산만이 조금씩 오염되기 시작했다. 시민들의 노력으로 겨우 깨끗해진 마산만이 해류가 흐르지 않게 되자 서서히 오염이 되어갔다. 창원시는 이러지도 저러지도 못하고 은행이자만 늘어가고 있다. 가고파의 고향 남쪽바다는 그렇게 상처투성이 모습으로 우리에게 점점 더 다가오고 있다.

마산만과 같은 길을 걷고 있는 지자체들이 한두 군데가 아니다. 돈을 들여 바다를 막고 산을 깎아 건물을 지어야만 잘사는 것으로 생각한다. 돈을 들이지 않고 자연을 그대로 두고 뭔가 아이디어를 내야 한다. 대부분 지자체는 공단을 만들어 공장을 짓고, 신도시를 만들어 아파트를 지어야만 발전하는 것으로 생각한다. 자연은 그대로 보존할 때 가장 가치 있고 빛이 난다. 자연에 개발이라는 삽을 들이대는 순간 우리는 그 값을 치러야 한다.

『88만 원 세대』로 유명한 경제학자 우석훈은 최근에 『국가의 사기』라는 새로운 책을 출간했다. 책에서 그는 보수정부 9년 동안 국가는 국민의 눈을 속여 어떻게 착취하는지 구석구석 찾아냈다. 4대강 사업에서부터 시작해 다단계 사업까지 면밀하게 관찰했다. 책을 읽다 보면 '이 나라에 계속 살아야 하는가?'라는 회의감마저 들게 된다.

그렇지만 오늘날 우리사회를 만든 것은 그들이 아니라 우리들이다. 그들에게 무소불위의 권한을 주고 갑의 자리에 올려놓은 사람들이 바로 우리들이기 때문이다. 그래서 우리는 그들을 나무랄 아무런 자격도 없다. 우리는 그들을 욕하고 비난하기보다는 다시는 그런 불행한 역사가 반복되지 않도록 뼈아픈 교훈으로 삼아야 한다.

4장

그들이 만든
세상

— 기득권에 끌려

경쟁의
명암

민주주의와 자본주의 사회는 경쟁을
통해 유지되고 발전한다. 하지만 경쟁은 무엇보다 평가기준이 공정해야
한다. 특히 힘이 있는 갑이 힘없는 을을 상대로 경쟁시킬 때면 더욱 그렇
다. 그런데 우리는 갑이 마음대로 정한다.

군대에서 오래전에 선착순을 없앤 이유도 이 때문이다. 선착순이라는
게 운동장을 돌게 하고 등수를 매긴다. 상급자는 빨간 모자에 선글라스를
낀 채 하급자를 상대로 경쟁시키는 것이다. 30명이 출발하면 1등만이 휴
식하고 나머지 29명은 다시 운동장을 띈다. 30등은 30바퀴를 돌고 난 후
기진맥진한 후 쓰러진다.

가장 큰 문제는 선착순이라는 단순한 평가방법이다. 달리기라는 단순
한 방법은 그야말로 갑이 선택하기 가장 쉬운 방법이기 때문이다.

만약 다른 방법으로 평가하면 어떨까. 예를 들어 군가를 부르고 그 결
과 등수를 매긴다면 말이다. 우선 평가를 하는 상급자가 음악에 실력이
있어야 한다. 평가기준을 만드는 것도 보통 일이 아니다. 정확한 박자에

점수를 줄 것인지 아니면 목소리 크기에 점수를 줄 것인지 평가기준을 만들어야 한다. 이것만으로 군가실력을 평가하기란 쉽지 않다. 차라리 외부에서 음악전문가를 초빙해 와야 할지도 모른다.

갑의 위치에 있는 상급자가 을을 위해 이런 수고를 할 리가 없다. 자신이 평가하기 쉬운 방법을 쓴다. 평가기준도 따로 만들 필요도 없다. 채점할 필요도 없다. 즉석에서 등수가 결정되니 평가에 대하여 누가 문제로 삼을 리도 없다. 선착순이란 세상에서 가장 나쁜 평가방법 중 하나다.

평가항목	선착순	군가
평가기준	특별히 없음 순서대로 결정	목소리, 리듬, 박자, 가사 발음, 감정전달
평가도구	호루라기	군가 평가표
평가자 자격	없음	음악전문가
평가방법	준비가 필요 없음	상당한 준비가 필요
평가효과	병사 사기저하	병사 사기향상
선택이유	갑이 편리한 대로	갑이 을을 배려하여
평가자 반응	불만	만족
평가목적	조직의 장악	우수한 인재선발

▲ 선착순과 군가의 평가항목 비교

현대사회에서 살아가기 위해서는 누구나 이런저런 이유 때문에 경쟁해야 한다. 경쟁에서 순위를 정하려면 선착순은 아니더라도 여러 가지 방법을 써야 한다. 그중 대부분은 시험을 통해 사람을 평가한다. 그런데 핵심은 시험을 보는 기준이나 방법이다. 우리가 알고 있는 평가는 학교에서 치르는 시험이나 수능평가 정도다.

사람을 평가하는 데 가장 나쁜 방법이 짧은 시간에 획일적인 방법으로 시험을 보는 것이다. 반대로 가장 좋은 방법은 그 사람을 일정 기간 지켜보는 것이다.

그래서 교사나 의사 등 중요한 시험은 단시간에 평가하지 않는다. 교사는 4년, 의사는 6년의 교육과정을 수료해야 한다. 사법시험의 경우도 마찬가지다. 법을 다루는 법관을 평가하는데 단 하루에 평가하는 것은 한계가 있다. 그래서 최소한 2년 정도의 법관 전문교육과정을 거친 후 별도 시험을 시행한다. 바로 로스쿨제도를 말한다.

대학입시도 같은 맥락에서 보자. 3년 공부를 단 하루에 평가하는 방법이 수능시험이다. 반면에 3년 학교생활 과정 모두를 보는 것이 내신 과정이다. 대학입시에서 내신 과정만으로 뽑는 수시모집을 확대하는 이유도 이 때문이다.

그런데 안타깝게도 공무원이나 기업 등에서는 아직도 가장 나쁜 방법 하나만을 쓰고 있다.

더
나쁜
방법

그런데 이보다도 더 나쁜 선발방법이 있다. 바로 정치인을 뽑는 선거다. 아무런 평가도 없이 오직 사람을 놓고 고르는 선택을 하기 때문이다. 딱히 응시자격도 없다.

18세 이상 대한민국 국민이면 누구나 출마할 수 있다. 연예인 투표하듯이 여러 사람 중에서 마음에 드는 사람을 투표한다.

　의사하고 국회의원을 비교하면 국회의원이 훨씬 더 중요한 일을 한다. 그런데 자격을 보면 너무도 대조적이다. 의사는 6년의 대학교육을 마치고 나서 국가고시에 합격해야 한다. 이후 인턴, 레지던트 5년을 거쳐야 전문의 자격을 취득할 수 있다.

　하지만 국회의원은 아무런 자격조건이 없다. 선거에서 많은 표를 얻으면 된다.

　자격에 관한 워크숍을 실시하면서 가끔 국회의원 자격에 관한 토론을 해본다. 의사나 교사처럼 자격시험을 보자는 것이 아니라 응시자격과 같은 출마자격을 놓고 토의를 해본다. 그럴 때마다 각 팀별로 다양한 의견이 나온다.

　토의된 내용을 보면 나이 제한에 관한 의견이 제일 먼저 나온다. 아마 나이 많은 국회의원에 관한 반감이 커서 그럴 것이다. 교사 정년인 65세 이하로 제한하자는 의견이 가장 많다. 부모 덕에 땀을 흘려서 일 한번 안 해본 사람은 국회의원 자격을 주어서는 안 된다는 의견도 나왔다. 개인 소득세 납부실적 등 세금을 점수로 환산해서 일정 점수 이상인 자에게만 출마자격을 주자는 것이다.

　40대에 국회의원에 입성한 후 팔순 잔치를 넘어서 7선, 8선까지 하면서 국회를 평생직장으로 생각하는 사람이 없도록 3선으로 연임을 제한해야 한다. 선거 며칠 전에 여기저기 주소를 옮겨 다니는 철새 정치인을 만들지 않으려면 거주기간도 다시 정해야 한다. 이런저런 자격조건을 만들면 어느 정도 인품 있고 능력 있는 국회의원들만이 자연스럽게 검증을 거쳐 출마할 수 있다.

　의사는 고객이 마음대로 선택할 수 있다. 내가 병원에 가지 않으면 그만이다. 하지만 선거로 당선된 의원이나 자치단체장들은 다르다. 우리 사회를 이끌어갈 리더들이다. 갑 중에 최고 갑의 위치에 있는 사람들이다. 이들은 아무런 자격제한도 없이 오직 선거에서 1등을 하여 당선된 사람들이다. 1994년 지방자치가 시작되기 이전에 선거로 뽑힌 정치인은 국회의원과 대통령이 전부였다. 대략 300명이 안 되었다.

그런데 지방자치제도가 생기고 정치인이 갑자기 많아졌다. 예전에는 전문가로 채워졌던 도지사, 시장, 구청장, 교육감의 자리는 모두가 다 선거에 의해 당선된 사람들로 채워졌다.

여기에 그들의 든든한 우군인 도의원, 시의원, 교육위원까지 숫자로 말하면 갑의 위치에 있는 사람들만 4,000명이 넘는다. 이들은 상당수는 전문가들이 아니라 오직 투표에서 당선된 사람들이다. 그 분야에 실력 있는 사람들은 정작 따로 있다.

우리 경제가 어려워지기 시작한 것을 보면 공교롭게도 지방자치가 시작되면서부터였다. 정책을 결정하는 갑이 실력이 없을 때 그 대가는 우리 모두가 치러야 한다.

가장
나쁜
방법

선거를 통한 경쟁보다 최악의 방법은 등수를 정하는 것이다. 인간을 길들이기에 등수만큼 더 좋은 것이 또 있을까. 1등만이 인정을 받고 나머지는 열등감, 패배감에 하루하루를 보내야 하기 때문이다.

시험 때면 피가 터지는 경쟁을 해야 한다. 1등 자리는 단 하나인데 말이다. 친구가 5시간을 자면 나는 4시간 30분을 자야 한다. 친구가 100만 원짜리 학원에 가면 나는 150만 원짜리 과외를 받아야 한다. 해가 갈수록 학원이 많아지고 책가방이 무거워지는 이유다.

프랑스의 르 몽드 신문은 2015년 '세상에서 가장 불행한 학생들'이라는 주제로 한국의 교육현장을 소개했다. 운동도, 취미활동도, 친구 간의 대화도 반납한 채 새벽부터 밤늦게까지 입시공부에 시달리는 한국의 학생들을 소개한 것이다.

이 신문은 한국의 교육현장을 '세상에서 가장 비인간적이며 가장 고통스러운 교육'으로 표현했다. 자신이 좋아하지도 않고 자신도 없는 분야를 공부한다는 것은 큰 고통이다. 그것도 하루 이틀도 아니고 10년 이상을 말이다.

누가 등수를 매겼나

학생들에게 그들의 등수를 정하기 위해 시험을 보기 시작한 시기는 일제강점기 때부터다.

일제는 철저하게 등수를 매기고 과목별로 성적을 매겼다. 50명 중 49명이 열등감에 패배감에 기를 펴지 못하게 하였다. 교육과목도 그때 새롭게 만들었다.

당시에 조선의 교육은 성균관을 중심으로 한 향교와 서원에서 이루어졌다. 지금의 교육부가 성균관이고 공립학교가 향교라고 보면 된다. 여기에 전국에 있던 1,100여 개의 서원은 사립학교와 같았다. 향교는 약 10% 정도 교육을 담당했고 나머지 90%는 서원이 담당했다.

일제가 한국에 와서 보니 전국에 서원이 하나도 없었다. 그 이유는 대원군이 전국에 있는 서원을 이미 다 없애 버렸기 때문이었다. 덕분에 그들은 학교를 전국에 쉽게 지을 수 있었다. 아무런 저항도 없이 말이다. 세계사를 두고 보더라고 이런 예는 쉽게 찾아볼 수가 없다. 서원은 조선의 역사 500년 동안 인재를 양성한 사립학교였다. 율곡, 퇴계, 다산, 황희 등 조선의 석학들이 서원출신이었다. 정치인들이 잘못하면 전국에 있는 서원에서 선비들이 상소를 올렸다.

당시 서원은 현대의 언론과 시민단체 같은 역할을 했던 것이다. 조선 말기 왕권이 무너지고 권력이 힘을 잃게 되자 전국에 있는 관리들의 부정이 극에 달했다. 그러자 서원에 있는 선비들의 상소는 더욱더 간절하고 횟수도 많아졌다.

하지만 대원군에게 그들의 상소는 잔소리 정도로 들렸다. 대원군은 나라꼴이 엉망이 된 이유를 부패한 관료들보다는 사사건건 상소문을 올리는 서원으로 돌렸다.

결국, 전국에 있는 서원에 철폐령을 내렸다. 하루아침에 사립학교 전체를 다 없애버린 것이다. 학교가 없는 빈자리에 일제가 학교를 지어준다니 반대하는 백성은 별로 없었다.

하지만 그곳에서 가르치는 교육과목을 관심 있게 보지는 않았다. 오두막에서 가르치든 천막에서 가르치든 시설이 중요한 게 아니다. 가르치는 내용, 즉 교육과목이 중요하다.

당시 조선의 교육과목은 사자소학, 명심보감, 논어, 중용, 노자, 예기, 춘추 등 모두가 인문학으로 편성되었다. 삶이 무엇이고 사람답게 살아가는 것이 무엇인지를 가르쳤다. 세상에 눈을 뜨고 불의와 타협하지 않고 하늘의 순리에 따르도록 교육했다. 서원의 선비들이 목숨을 걸고 바른 목소리를 냈던 것도 이 때문이었다.

이런 교육과목이 일제에게는 당장 걸림돌이었다. 시키는 대로 말 잘 듣고 상급자 말이라면 무조건 복종하는 교육이 필요했다. 군대의 선착순과도 같은 단순한 평가방법이 필요했던 것이다. 인성보다는 기술자를, 인술보다는 의술로 교육과목을 바꾸었다.

향교나 서원에서 가르치던 과목을 모두 없애고 대신 그들이 만든 학교에는 산수, 기술, 과학, 국어 등 비인문학으로 교육과목을 편성했다. 당시 성균관에서는 학생들에게 수우미양가나 등수를 매기지 않도록 했다. 딱히 시간표도 없었다. 과목에 따라 교사가 알아서 판단해서 학생을 가르쳤다.

지금이라도 당장 교과목에 논어, 중용, 맹자 등 인문학을 편성하고 등수를 없앨 수는 없을까. 차라리 고양이 목에 방울을 다는 편이 수월할 것이다. 지금의 교육과목을 바꾸려면 당장 지금 가르치는 교육과목부터 상당수를 빼야 한다. 어떤 과목을 뺄 것인가. 수많은 이해당사자가 목숨을 걸고 반대할 것이다.

『꿈꾸는 다락방』으로 우리에게 잘 알려진 이지성 작가는 초등학교 교사 출신이다. 그는 우리 교육현장에서 인문학 교육이 사라진 이유를 연구했다. 이러한 내용을 담아 『내 아이를 위한 인문학 교육법』이란 책으로 출간했다.

미국의 상류층은 사립학교에서 인문학 교육을 시킨다. 반면에 서민들은 공립학교에서 인문학 대신 우리와 같은 비인문학 교육을 시킨다. 비인문학 교육은 석유재벌 록펠러가 말 잘 듣는 노동자를 양성하기 위해 연구해 만든 공장식 교육방식이다. 미국의 공장식 교육방식이 지난 100년 동안 우리나라 교육과정으로 자리 잡고 있는 것이다. 마치 군대의 선착순과도 같은 단순한 교육과목이 말이다.

경쟁이
필요한
곳

고속도로 공용화장실을 보면 호텔 화장실보다 더 좋다. 외국인들이 가장 놀라는 이유다. 처음부터 그랬던 것은 아니다.

전국에 있는 고속도로 화장실을 평가하여 등급을 매기고 난 후부터다. 등급에 따라 휴게소에 주어지는 인센티브가 다양하다. 우수등급을 받으면 화장실 개조비용을 지원받을 수 있으며 포상금까지 지원을 받는다. 휴게소 음식도 경연대회를 한다.

덕분에 고속도로 휴게소마다 그 지역의 맛집 못지않은 음식을 맛볼 수 있다. 이처럼 경쟁은 사회를 발전시키고 모두에게도 유익하다.

우리 사회에서 경쟁이나 평가를 꼭 해야 하는 곳이 있다. 학교급식이 대표적이다. 모두가 그런 것은 아니지만 대부분 학교급식을 보면 원가와 비교하면 턱없이 질이 낮은 것을 알 수가 있다.

그런데 왜 학교급식 사정이 이렇게 된 것일까. 정책당국자는 그 원인을 직영이 아닌 위탁방식 때문이라고 진단했다. 그래서 전국의 모든 학교급식을 직영방식으로 돌렸다. 과연 문제가 위탁이어서 그럴까. 근본 문제는 평가와 경쟁이 없어서 그렇다.

몇 년 전 우리연구소에서는 '학교급식인증제도'를 만들어 지방의 한 교육청에 도입을 제안했다. 그 내용을 보면 학교급식을 평가하여 등급을 매기는 것이다. 마치 호텔의 등급을 무궁화 표시로 현관에 나타내는 것처럼 말이다. 그렇게 되면 학생이나 학부모들은 자신이 다니는 학교의 급식 등급을 판단하고 다른 학교와 비교해 볼 수 있다.

우리 아이가 다니는 학교의 학교급식은 몇 등급일까. 학부모들은 자연스럽게 학교급식 수준을 알게 된다. 이쯤 되면 학교장을 비롯하여 학교급식 담당자는 서로 높은 등급을 받기 위해 온 힘을 들일 것이다.

만약 평가항목에 식당환경을 넣는다면 최고급 레스토랑처럼 최고의 시설이 되도록 식당을 꾸밀 것이다. 아마 집에 있는 화분이라도 가져다 놓을 것이다. 좋은 음악을 들려주기 위해 음악전문가에게 코디를 받아 어린이 식사에 도움이 되는 음악을 틀어줄 것이다. 구성메뉴 및 맛을 평가항목으로 넣는다면 식당메뉴 구성에서 철저한 검증과 영양식단 구성을 위해 노력할 것이다.

평가와 경쟁이 필요한 곳 중 하나를 더 꼽으라면 제주도에 있는 관광지다. 제주도에는 250여 개가 넘는 유료관광지가 있다. 대부분이 8,000원 내외의 입장료를 받고 있다. 그중 에코랜드가 12,000원으로 가장 비싸다. 그다음이 여미지 식물원으로 9,000원이다.

그런데 최근에 가장 비싼 입장료를 받는 관광지가 새로 등장했다. 그동안 공짜로 올라갔던 한라산에 갑자기 2만 원의 입장료를 내야 하기 때문이다. 입장료가 문제가 아니다. 입장료를 내고 아까운 생각이 없어야 한다.

어느 관광지는 8,000원의 입장료를 내고 구경하고 나올 때쯤이면 단돈 1,000원을 주고도 아까운 곳이 있다. 이런 곳은 대부분이 단체관광객을 위한 곳이다. 이곳에 관광객을 데리고 오면, 안내자에게 상당금액을 리베이트로 주기 때문이다. 이곳의 주차장에는 자가용은 없고 관광버스만 즐비한 이유다.

반면에 에코랜드 같은 몇몇 관광지는 입장료를 더 주어도 아깝지 않은 곳이다. 이곳 주차장을 보면 관광버스는 없고 대신 자가용차들이 가득하다. 리베이트가 없기 때문이다.

나는 제주시로부터 관광정책 활성화를 의뢰받아 유료관광지 몇 곳을 방문했다. 그리고 시 담당자에게 관광지 등급제를 제안했다. 유료관광지를 5등급으로 나누어 돌하르방 하나에서부터 돌하르방 다섯 개까지 등급을 매기자는 것이다. 등급에 따라 입장료는 2,000원부터 12,000원까지 받을 수 있다. 등급은 엄격한 심사를 거쳐 2년마다 결정한다. 만약 등급평가를 제대로 한다면 제주시 유료관광지의 70% 이상은 돌하르방 하나 등급에 2,000원 입장료를 받아야 할 것이다.

그렇지만 이런저런 눈치를 보느라 이런 경쟁이나 평가는 아직 하지 않고 있다. 덕분에 우리는 상품과 가치에 비해 형편없는 여행지에 비싼 입장료를 주고 있다.

학력의
덫

교육을 빼놓고는 우리나라를 이야기할 수 없다. 그만큼 교육에 유별난 나라이다. 자식들 학원비를 대기 위해 밤 늦게까지 일을 한다. 유치원부터 대학까지 18년 동안을 자식교육에 부모들은 허리가 휜다. 이사할 때도 학교가 우선이다. 대학에 많이 합격시킨 이른바 좋은 학군을 찾아 이사한다. 강남의 아파트값을 폭등시킨 것도 따지고 보면 8학군이라는 대치동 때문이었다. 많은 사람은 한국의 경제발전이 이런 교육열 때문이라고 말한다. 우리 모두가 그렇게 알고 있었다.

대학진학률이
높으면
더 못산다

하버드대학의 경제학 교수인 랜트 프리쳇(L. Pritchett) 박사의 이야기를 들으면 생각이 달라진다. 그는 교육을 많이 받은 나라가 꼭 잘사는 것은 아니라는 사실에 주목했다.

대만의 경우 1960년에 글을 모르는 문맹률이 46%나 되었다. 반면에 이웃에 있는 필리핀의 문맹률은 26% 정도에 지나지 않았다. 당시 국민소득은 비슷했다. 이후 30여 년간 두 나라의 교육은 크게 달라진 것이 없었지만 1990년 비교해보니 국민소득은 10배나 차이가 났다.

대만은 꾸준히 발전하였지만, 필리핀은 더디게 발전한 것이다. 이 같은 결과는 아프리카에서도 같게 나타났다. 1980년대 아프리카에서는 교육에 많은 투자를 하였고 그 결과 문맹률을 60%에서 39%까지 떨어트렸다. 국민소득은 반대로 매년 0.3%씩 24년간 내리 떨어졌다.

세계 학업성취도를 보면 이 같은 결과는 더욱 확실해진다. 가장 잘사는 노르웨이나 미국의 중학생과 못사는 나라 중학생들의 수학이나 과학 성취도를 평가했다. 결과는 못 사는 나라 학생들의 성적이 훨씬 우수했다.

세계에서 가장 부유한 나라인 스위스는 명확하게 비교가 된다. 1990년대 중반까지만 해도 스위스의 대학진학률은 16% 정도에 지나지 않았다. 선진국은 물론 OECD 평균인 34%의 절반에도 미치지 않았다. 당시 그리스는 대학진학률이 91%였고 한국은 87%, 아르헨티나는 68%였다.

결국, 많이 배우는 것과 잘 사는 것과는 아무런 함수관계가 존재하지 않는다는 것이다. 그나마 각국이 의무교육으로 하는 중등학교는 경제발전과 같은 함수관계를 나타냈다. 그러나 대학진학률이 높아지면 소득이 올라가기는커녕 가게의 실질소득은 줄어든다는 사실도 밝혔다. 랜트 교수는 이 같은 자료를 분석하여 2004년 〈교육은 전부 어디로 사라져 버렸는가?〉라는 논문을 발표했다.

우리나라의 경우를 한번 보자. 이미 입시교육의 정거장이 되어버린 중고등 학교를 들여다보는 것은 의미가 없다. 따라서 대학교의 경우를 보

자. 1981년 국내 대학진학률은 35%였다.

이후 문민정부가 들어서는 1992년까지 12년 동안 대학진학률은 그대로 유지되었다. 경제학자들은 이 기간에 우리나라가 가장 큰 발전을 했다고 말한다. 86아시안게임과 88올림픽이 있었다. 광케이블을 깔고 정보통신부를 만들어 IT강국의 기반을 만들었다.

이 기간에 정치인의 반대를 무릅쓰고 인천공항과 고속철을 착공했다. 민주화의 물결 속에서 군부정치를 마감하고 문민정부를 탄생시켰다. 그야말로 지금 한국경제의 기반을 이 기간 동안에 다 닦은 것이다.

1992년 드디어 문민정부가 들어섰다. 그동안 음지에서 처절하게 짓밟혔던 정치인들의 세상이 온 것이다. 권력의 키(Key)를 잡은 그들은 그동안 맺힌 한풀이라도 하듯이 세상을 송두리째 바꾸었다.

그중 하나가 대학설립을 자유화한 것이다. 때마침 지방자치제가 시작되어 한풀이 정치에 힘을 보탰다. 35%이던 대학진학률이 하루가 다르게 높아졌다. 5년이 지난 1997년 대학진학률은 55%를 훌쩍 넘어가고 있었다.

결국, IMF를 불러들였다. 그렇지만 이 기간에 설립을 내준 대학은 계속해서 신입생을 모집했다. 2002년 대학진학률은 75%를 넘어가고 있었다. 대학은 이제 학문의 전당이 아니라 설립자의 돈벌이로 전락하고 있었다.

정치인들은 그들의 로비스트가 되어 교육부를 좌지우지했다. 당시 대부분 공기업이나 대기업의 단체협약에는 자녀학자금에 대한 항목이 있었다. 대학교에 다니는 자녀의 학자금을 지원하는 내용이었다. 대학에 들어가지 않으면 그 혜택을 받지 못한다. 그러니 자식 가진 부모라면 대학에 보내지 않을 이유가 없다.

OECD 통계를 보면 대학 졸업자 수준의 일자리는 22% 정도인 것으로 조사되었다. 우리나라도 예외는 아니다. 9급 공무원 정도는 고졸이면 가능하지만, 합격자의 92%가 대졸자다. 시청 청소원의 경우는 중졸이면 가능하지만, 대졸자가 그 자리를 채우고 있다. 대졸자 4명이 일자리 하나를 놓고 싸워야 한다. 그뿐이 아니다. 이미 좋은 자리를 차지한 기득권은 실력 있는 젊은이들이 올라오지 못하도록 사다리를 걷어차 버렸다. 여기에 아파트값이 폭등하고 결혼비용이 늘었다. 늘어나는 양육비에 통신비, 보험료까지 지출할 돈은 많아졌다.

2003년 노무현 정부가 들어서 사태의 심각성을 알았을 땐 이미 손을 쓸 방법이 없었다. 계속 높아가던 대학진학률은 2008년 이명박 정부 때 87%에 육박해 최고점을 찍었다. 높은 대학진학률은 온갖 새로운 용어를 창조했다. 편의점 아르바이트에 '88만 원 세대'라는 말이 이때부터 등장했다. 삼포를 지나 오포, 칠포세대라는 말이 등장했다. 결혼도 포기하고 연애도 포기해야 했다. 친구를 만나는 일도 포기하고 방 한 칸 있는 집마저 꿈도 꾸지 못하게 되었다. '아프니까 청춘이다'라는 말로 그들을 위로하기에는 기성세대인 나는 그들 앞에 너무도 미안하고 얼굴을 들 낯짝조차도 없다.

▲ 교육과 사회발전 관계

살림살이가 어려워지고 젊은이들에게 꿈을 주지 못하는 현실을 높은 대학진학률에만 탓할 수는 없다.

지금 학교의 수업과목은 대학입시 과목으로 채워졌다. 이들 과목의 성적이 우수하다고 하여 인간의 능력이 뛰어나고 할 수는 없다. 호랑이와 악어가 싸우면 누가 이길까. 장소에 따라 그 결과는 다르다. 늪지에서 싸우면 당연히 악어가 이긴다. 숲에서는 당연히 호랑이가 이긴다.

그 어려운 영어, 수학, 과학을 놓고 경쟁시키면 그 방면에 우수한 학생들만 인정받게 된다. 우리 인간의 능력이 공부만 있는 것은 아니다.

1983년 하버드대학의 심리학 교수인 하워드 가드너(Howard Gardner) 박사는 다중지능이론을 발표했다. IQ를 기준으로 인간의 능력을 평가하는 기존의 이론을 비판하고 새로운 이론을 제시한 것이다.

그의 이론은 여러 실험과 경험으로 검증되어 현재에는 가장 설득력 있는 이론으로 알려졌다. 그가 말한 바로는 사람의 능력은 개인에 따라 논리 · 수리지능, 언어지능, 공간지능, 운동지능, 대인관계지능, 음악지능, 자기성찰지능, 자연관찰지능, 실존지능 등으로 구분할 수 있는데 이 중 한두 가지 지능만 타고난다는 것이다.

지금 우리 학생들은 이 9가지 지능 중에서 논리 · 수리지능과 일부 언어적 지능만을 배우고 능력을 평가받는다. 마치 늪지에서 호랑이와 악어가 싸우는 격이다.

『공부의 배신』을 저술한 예일대학의 영문학 교수인 윌리엄 데레저위츠(Willam Deresiewicz)는 이 같은 문제를 논리적으로 다루었다. 창의적인 인재가 필요한데 정작 명문대학일수록 말 잘 듣는 순한 양으로 만든다는 것이다. 그래서인지 이 책의 부제목은 '하버드생들은 왜 바보가 되었나'이다. '서울대생들은 왜 바보가 되었나'쯤으로 해석해도 될 듯하다. 우리는 결국 자식들을 바보 양성소에 보내기 위해 학원에 보내고 밤새 공부를 시키는 것은 아닌지 생각해 볼 일이다.

노력해도
안 되는
것들

우리는 열심히 노력하면 목표를 이룰 수 있다고 배웠다. 그것은 몸으로 하는 행동에 한해서이다. 머리로 해야 하는 공부는 전혀 그렇지가 않다.

미시간 주립대 교수 잭 햄브릭(Zach Hambrick) 박사를 주축으로 구성된 연구팀은 이에 관한 연구결과를 국제적 권위의 심리학 학술지인 〈심리과학〉에 발표했다. 그들은 노력과 선천적 재능의 관계를 조사한 88개 논문을 대상으로 해서 이를 주제로 연구했다.

그 결과 인간은 '아무리 노력해도 재능을 따라잡기 힘들다.'라는 연구결과를 발표했다. 메가스터디를 창업한 손주은 원장은 대학입시의 미다스 손으로 알려졌다. 그는 '세상에서 노력해도 안 되는 것이 딱 하나 있는데 그것이 공부다.'라고 말한다. 미국심리학회 발표를 보면 여러 재능 중에서도 특히 노력으로 안 되는 분야가 교육이라는 것을 알 수 있다.

내 아이가 공부를 못하면 학원에 보내봐야 소용이 없다. 잠을 줄여봐야 소용이 없다. 학원에 보내고 잠을 줄여가며 노력하면 반짝 성적이 오를 수는 있다.

하지만 그것은 더 큰 부작용을 부른다. 등수에 매달려 스트레스를 받고 그마저도 안 되면 극단적인 선택을 하기도 한다. 공부 대신 잘하는 것을 찾아봐야 한다. 그것이 부모가 할 일이다.

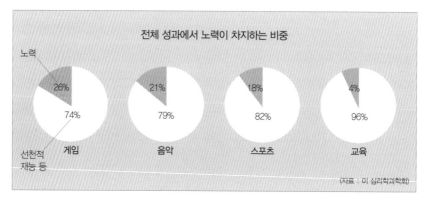

▲ 노력해도 안 되는 것

등수를 매기지 않는 초등학교 때와 달리 성적으로 등수를 매기는 중학교부터 부모들은 자녀들의 관리를 잘해주어야 한다. 초등학교 때 학교에서 잘했던 아이가 중학교 입학 후 첫 시험에 중위권, 하위권으로 나오면 아이는 물론 부모들은 무척 당황한다.

부랴부랴 학원을 알아보고 과외를 알아보기도 한다. 주위에는 이때를 기다렸다는 듯이 온갖 학원·과외 광고들이 유혹한다. 그들에게 보내면 우리 아이 성적이 당장 올라갈 것 같다. 그들에 끌려 자녀를 학원에 보내고 과외를 시킨다면 불행은 시작이다. 그 덫에 걸리지 말아야 한다.

우리 집 아이들 셋 중 둘째는 딸아이다. 안타깝게도 이런저런 사정에 초등학교를 네 번이나 옮겨야 했다. 학교에 있으면서도 집에 혼자 있는 동생 걱정으로 수업에 집중하지 못했다. 늦은 밤까지 밖에서 일하는 엄마 아빠 때문이었다.

등수가 정해지는 중학교에 들어가자 41명 중 40등이었다. '너는 공부만 못하지 다른 것은 다 잘한다.'라고 늘 용기를 북돋아 주었다.

그러나 한번 뒤처진 성적은 오르지 않았다. 정규고등학교는 들어갈 수도 없었다. 딸아이는 폐교된 시골 초등학교를 개조해서 고등학교로 인정받은 특수학교에 겨우 들어갔다. 그야말로 꼴찌들만 모이는 학교였다.

공부에는 적응이 안 되어서 고등학교 내내 커피숍이나 레스토랑에서 아르바이트를 했다. 고등학교를 졸업하는 날 그렇게 당당하고 웃기만 하던 딸아이는 졸업장을 들고 처음으로 눈물을 보였다.

학교를 졸업하고 딸은 곧장 백화점에 아르바이트로 들어갔다. 그리고 얼마 지나지 않아 정규직이 되었다. 몇 년이 지나 유명 카페 매니저로 자리를 옮겼다. 월급을 받으면 항상 엄마에게 가져다주었다. 대학생인 오빠와 고등학생인 동생의 용돈은 언제나 딸이 챙겼다. 용돈을 주는 사람과 받는 사람의 삶은 전혀 달랐다.

얼마 전 딸은 아담한 카페를 오픈했다. 사장이 된 것이다. 공부 잘한 큰 아이는 초등학교 교사가 되었다. 막내는 박사과정 공부하느라 시간이 없다. 명절 때 온 가족이 한자리에 모일 때면 항상 딸아이가 집안의 중심이다. 하는 짓이나 말 한마디 모두 나무랄 때가 없다.

초등학교 교사인 오빠도 여동생의 말에는 아무 말도 하지 못한다. 만약 중학교 때 꼴등이라고 딸아이를 다그쳤더라면 지금의 모습이 되었을까. 공부를 제법 잘했던 두 아들은 요즘 보면 집에 거의 오지를 않는다. 반면에 공부를 못했던 딸아이는 매주 집을 찾아 단란한 주말을 보낸다. 공부를 잘하지 못했던 아빠, 엄마와 코드가 잘 맞아서이다.

우리 가족을 보더라도 똑똑한 자식으로 키우면 자식은 이미 내 자식이 아니다. 부모의 생각과 수준은 그대로인데 자식은 이미 노는 물이 달라지기 때문이다. 물이 다르니 집에 자주 올 리가 없다.

문주란이 불렀던 〈동숙의 노래〉는 실제 이야기를 담아 화제가 되기도 했다. 시골에서 태어나 초등학교만 졸업한 동숙은 구로동에 있는 가발 공장에 다녔다.

그러면서 야간학교에서 공부하며 검정고시를 준비하였다. 그런데 그 학원 선생님을 사랑하면서 그의 자취방을 찾아 밥도 해주고 빨래도 해주면서 사랑을 키웠다. 남자를 위해 희생을 각오한 그녀는 공부 대신 남자의 뒷바라지를 했다. 몸도, 마음도, 돈도 남자를 위해 바쳤다.

동숙의 덕에 출세한 남자는 그녀를 배신하고 다른 여자를 만나 떠나버린다. 동숙은 복수심에 그 남자를 찾아가 칼로 찌르고 만다. 그녀는 경찰에 잡혀가서도 그 남자 걱정을 했다고 한다. 안타까운 사연이 신문에 기사로 소개되자 노래가사로 만들어 문주란이 부르게 된 것이라고 한다.

우리는 이와 비슷한 이야기를 많이 듣게 된다. 사람들은 배신한 그 남자를 나쁜 남자로 욕할 것이다. 동숙이 내 남자로 만들고 싶었다면 같이 공부해서 수준을 같게 하든지 아니면 아예 남자를 배우지 못하게 해야 했다.

부모는 공부하지 않고 자식교육에만 매달리면 그 가정의 불행은 이미 시작이다. 자식이 잘되는 만큼 부모도 노력해서 수준을 같이해야 한다.

예전에는 부모가 희생하면서까지 자식교육에 매달렸다. 자본주의가 독주하기 이전이다. 지금은 그때와 상황이 다르다. 상아탑의 순수함은 오래전에 무너졌다.

학점에 취직에 대학은 이미 거대한 취업학원으로 전략했다. 지잡대라

는 말이 나올 정도로 대학이 서열화되어 있다. 초등학교부터 중고등학교
는 입시학원으로 전락한 지 오래다. 그 속에서 가장 대우받아야 할 학생
들은 가장 목소리가 작은 을의 위치로 전락했다. 갑의 위치에 있는 자들
은 자신들의 기득권을 포기하지 않는다.

이 속에서 을의 위치에 있는 자녀들이 선택할 수 있는 것은 아무것도
없다. 노력해도 안 되는 것이 공부라는 것을 다시 한 번 되새겨보라. 이제
소중한 우리 자녀들을 지옥의 경쟁에서 구해줘라. 등수가 떨어져도 친구
에게 등수를 양보한 배려심이 깊은 아이라고 칭찬해 줘라. 중하위권으로
떨어지면 좋은 대학은 못 갈지언정 친구와 세상을 얻을 수 있다.

공짜의
달콤함

몇 년 전부터 설이나 추석 연휴 때보면 고속도로 통행료가 공짜다. 자가용을 이용하는 사람들은 통행료를 낼 필요가 없으니 고향 가는 길이 더 가볍다.

여기에 비해 버스를 이용하거나 기차를 이용하는 사람에게는 아무런 혜택이 없다. 무료는 아니더라도 요금을 반값 정도만 할인했더라면 자가용처럼 고향에 가는 기분도 살렸을 텐데 말이다.

명절 3일간 정부가 대신 낸 돈이 450억 정도 된다고 한다. 조금 들여다보니 그 돈은 모두가 국민들이 낸 돈이다. 국민 1인당 1,000원 정도의 큰돈이다. 5인 가족이라면 5천 원을 보태준 셈이다.

이 돈을 가지고 누구는 혜택을 보고 누구는 아무런 혜택을 보지 않으면 이거야말로 불공평한 것이다.

고속도로 통행료를 공짜로 하게 된 것은 광복 70주년을 기념으로 2015년 8월 15일 날 처음으로 시행했었다. 공짜라는 게 한번 주기 시작하면 계속해야 한다. 다시 돈을 받으면 욕을 먹기 마련이다. 결국, 그날 이후 광복절뿐만 아니라 명절 때도 통행료를 공짜로 했다.

건교부의 선심에 옛 문화관광부도 뒤질세라 고궁박물관 등 입장료를 공짜로 했다. 공짜 덕분에 고궁에는 연휴 내내 관광객으로 몸살을 앓았다.

명절에도 고향에 가지 않는 나는 고속도로로 다닐 일이 없다. 하지만 이번 명절에는 근교에 나들이를 가면서 평소에 다니던 국도를 뒤로하고 고속도로를 이용했다. 통행료 공짜를 맛보기 위해서였다. 이런 생각을 하는 사람이 나뿐만이 아니다.

고속도로 무료통행 이후 명절 때 통행량이 훨씬 늘었다고 한다. 경찰은 그 이유를 공짜 통행료가 큰 몫을 한 것으로 분석했다. 평소에 국도를 이용하던 사람들이 고속도로를 이용했기 때문이다. 통행료를 그대로 받았더라면 교통량은 줄었을 것이다.

만약 통행료를 20% 더 받았다면 아마 통행량은 더 줄었을 것이다. 결국, 공짜 통행료로 명절에 고향 가는 자가용 운전자들의 기분은 좋아졌겠지만 이처럼 잃어버린 것 또한 많다.

무엇보다 교통량의 증가다. 평소 대중교통 이용을 강조했지만, 공짜 통행료 덕분에 자가용을 이용하는 사람이 늘었기 때문이다. 한번 공짜에 길들면 앞으로도 명절이나 연휴 때 계속 공짜로 해야 한다. 그 돈은 고스란히 국민들 몫이다. 형평성도 문제가 된다. 특정한 부류, 즉 명절에 자가용을 이용한 사람들에게만 혜택이 돌아가는 것도 풀어야 할 문제다.

심야에 고속도로를 달리다 보면 유달리 대형화물차가 많이 다닌다. 밤 12시 이후에는 통행료를 반값만 받기 때문이다. 덕분에 낮에는 대형화물차들이 많이 다니지 않는다. 통행료만 잘 운영을 해도 교통량을 분산시킬 수 있다.

통행료를
받은
이유

　　최근에 야당 국회의원이 경부고속도로를 무료통행으로 하자는 유료도로법을 발의했다. 그동안 거둔 통행료가 건설비용이나 운영비를 두 배나 초과해서 이익을 거두었으므로 이제 통행료를 그만 받고 무료로 해야 한다는 것이다.

　　언뜻 보면 국민을 위한 좋은 법안인 것 같다. 그러나 하나는 알고 열은 모르는 후안무치한 생각이다. 무엇보다 형평성의 원칙이다. 같은 고속도로인데 왜 하필 경부고속도로만 돈을 받지 않느냐는 것이다. 아마 전국의 지자체들이 들고 일어날 것이다. 그다음은 이용에 따른 도로관리비용이 발생하는데 그 돈은 고스란히 국민이 부담해야 한다. 무료통행이 되면 당장 통행량이 50% 이상 늘어날 것인데 교통 혼잡은 피할 수가 없다. 통행량이 줄어든 비슷한 노선의 민자노선이나 다른 유료도로는 수입이 줄어든다. 부작용이 한둘이 아니다.

　　지방에 있는 도시에서 일어난 일이다. 출퇴근 시간에 터널 요금소 근처에서 차가 꽉 막혀 움직이지 않았다. 통행료 1,000원을 받기 위해서 길게 줄을 선 차 때문이었다. 참다못한 시민들이 플래카드를 들고 시청에 항의했다. 출퇴근 시간만이라도 통행료를 무료로 해 달라는 것이었다.

　　시민들 성화에 못 이긴 시장은 출퇴근 시간에 통행료를 받지 않기로 했다. 그런데 웬걸 길이 더 막혔다. 평소에 출퇴근 시간을 피해 운행을 했던 사람들이 공짜시간에 합류했기 때문이다. 결국, 통행료 무료는 두 달 만에 없었던 일로 하고 다시 통행료를 받기 시작했다.

　　대신 이번에는 출퇴근 시간에 반값을 받았다. 그래도 여전히 차량이 밀렸다. 차가 밀린 것은 요금소의 문제가 아니다. 통행량이 많아서 그런 것이다. 요금소 앞에서 차가 밀린 것은 잠시 병목현상일 뿐이다. 요금소를 없앤다고 해결될 문제는 아니다.

이 경우 해결책은 두 가지뿐이다. 출퇴근 시간에는 아예 통행료를 비싸게 받아서 통행량을 줄이는 방법이다. 다른 하나는 도로를 늘리는 길이다. 답은 뻔하다. 하지만 통행세를 올리는 방법을 쉽게 택하지 못한다. 다른 방법을 찾아보자. 출퇴근 시간 전후에 요금을 절반으로 낮추는 것이다. 그러면 요금을 절약하기 위한 운전자들이 출퇴근 시간을 조정할 것이다. 심야시간에 고속도로 통행료를 반값만 받는 것과 같다.

건설비 회수	도로건설 비용을 이용자에게 부담시키는 사용자 부담원칙에 의해 통행세를 받는다.
도로 유지비	매년 계속해서 들어가는 도로의 유지보수를 위해 비용을 받는다.
통행을 통제	통행량을 줄이려고 일부러 통행세를 비싸게 받는다.
통행을 장려	통행량의 분산을 위해 심야시간에 통행세를 할인해 주어 통행을 유도한다. 새로 개통한 도로의 통행을 장려하기 위해 비용을 받지 않고 무료 통행을 시킨다.

▲ 통행세를 받는 이유

서울시도 비슷한 이유 때문에 대중교통 공짜정책을 접었다. 미세먼지가 심한 날에 버스와 지하철을 무료로 이용하도록 한 것이다. 그런데 무료이용시간을 출퇴근시간으로 한정했다.

그러자 출근시간에 공짜손님이 몰려 혼잡을 더했다. 하루 전에 갑자기 예고된 것이어서 자가용 이용자가 대중교통을 이용하지도 않았다. 서울시는 별 효과가 없자 수십억 예산만 날린 채 공짜정책을 그만두었다.

마창대교와
이순신대교

      마창대교는 창원과 마산을 연결하기 위해 마산만의 바다 위를 가로질러 건설한 길이 1.7km의 다리다. 이순신대교는 광양과 여수를 연결하기 위해 중간에 섬을 거쳐 건설한 2.2km의 다리다. 다리 길이로만 말하면 이순신대교가 500m나 더 길다. 여기에 이순신대교를 지나면 묘도대교가 있는데 다리 길이가 1.4km이다. 이 두 개의 다리 길이를 합하면 3.6km나 된다.

    이 두 다리를 비교한 이유는 통행세 때문이다. 경남에 있는 마창대교는 통행세가 무려 2,500원이나 된다. 반면에 전남에 있는 이순신대교는 통행세가 무료이다. 길이로 따지면 두 배나 되니 5,000원쯤 되어야 하지만 말이다. 부산에 있는 광안대교 공사비는 8천억 원으로 마창대교의 4배나 된다. 그럼에도 광안대교 통행세는 1,000원이다. 왜 같은 다리인데 이토록 차이가 나는지 판단은 시민들의 몫이다.

    두 다리를 비교해 보니 애당초 출발부터가 달랐다. 마창대교는 통행세를 받아 건설비를 충당하는 쉬운 방법을 택했다. 건설업체에 최저 운영수익을 보장해 주는 MRG 방식을 택한 것이다. 국제사격대회, 가포 신항만 건설, 로봇랜드와 연계해서 중앙정부를 설득해 예산을 가져올 기회가 있었지만, 관련자들은 끝까지 업자들에게 끌려다녔다.

    통행세를 높게 받으면 통행량이 줄어든다. 따라서 당연히 통행세도 적게 걷힌다. 하지만 업체는 손해날 일이 없다. 부족분만큼 지자체가 채워주기 때문이다. 통행량이 적으면 도로유지 비용도 적게 들어간다. 통행세를 걷는 매표소 인건비도 적게 들어간다.

나중에야 이들의 꼼수를 알아차리고 부랴부랴 계약을 다시 했지만 지금도 해마다 수백억씩 시민의 혈세로 부족분을 채워주고 있다.

마창대교를 이용하면 창원에서 마산 가포만을 10분 만에 갈 수 있다. 그러나 통행세에 부담을 느낀 많은 사람은 이 다리를 이용하지 않고 40분이 넘는 거리를 돌아간다. 다리 개통을 믿고 시 외곽에 아파트를 지었지만 들어오는 사람이 없어 몇 년째 미분양으로 남아 있다. 지금이라도 통행세를 절반으로 줄여 통행량을 두세 배 늘려야 한다. 그렇지만 다리 운영업자들은 통행량이 많아지면 유지비가 더 들어가니 찬성할 리가 없다.

이에 비해 이순신대교는 통행세를 무료로 하기 위해 정치인들이 앞장을 섰다. 여수 엑스포 유치와 연계해 중앙정부를 설득했다. 덕분에 그 효과를 톡톡히 보고 있다. 여수를 찾는 관광객이 세 배나 늘었다. 공단에 입주하는 기업이 하루가 다르게 늘어났다. 광양에서 여수공단까지 서로 이사를 하지 않고도 출퇴근할 수 있어졌다. 시민에게 돌아가는 혜택이 한둘이 아니다. 이처럼 통행세 하나가 지역의 발전을 좌우하고 있다.

구분	마창대교	이순신대교
길이	1.7km	2.2km
통행세	2,500원	무료
누구를 위해	건설사를 위해	이용자를 위해

▲ 마창대교와 이순신대교

전남과 비교하면 경남은 유독 MRG 사업이 많다. 마창대교와 김해 경전철은 물론 승용차 기준 통행료가 10,000원으로 국내에서 가장 비싼 거가대교 등이 대표적이다. 하나같이 주민들이 부담하는 비용이 다른 지역에 비해 턱없이 높다.

두 지역을 비교해 보더라도 선거로 뽑힌 지자체 정치인들이 주민들을 위해 무엇을 해야 하는지 분명해진다.

주차료를
왜
받는가!

통행료뿐만 아니라 주차료도 같다. 요즘과 달리 예전에는 전국에 있는 공항 주차장은 종일 텅 비어 있었다. 하루에 3만 5천 원이나 하는 주차료 때문이었다.

덕분에 인근 민간주차장은 초만원을 이루고 호황을 누렸다. 그래서 공항 주변의 민간주차장 권리금만 수억 원의 웃돈이 붙었다. 하지만 호황은 오래가지 못했다. 하루 3만 5천 원 하던 주차요금을 민간주차장 수준보다 더 낮은 5천 원으로 낮춘 것이다.

하루 주차요금 15,000원을 받아 떼돈을 벌었던 민간주차장은 적자운영을 하다가 끝내 대부분 문을 닫았다. 주차요금이 저렴하니 공항 이용객도 늘었다. 더불어 공항에 대한 이미지도 좋아졌다.

하지만 도심에 있는 주차장은 공항과 반대로 비싸야 한다. 그래야 비싼 주차료가 부담되어서 차를 가지고 오지 않게 된다. 실제 도쿄는 1시간 주차요금이 8천 원 정도 한다. 이쯤 되면 주차요금이 무서워 차를 가지고 다닐 수가 없다.

대부분의 도심에 있는 병원이나 공공시설에서는 일정금액의 주차요금을 받는다. 그런데 이 요금을 받는 이유가 주차를 어느 정도 통제하기 위한 것인지 아니면 주차장 운영수익을 위한 것인지 적절하게 균형을 유지해야 한다.

주차장 운영	사설주차장 대부분은 수익을 위해 주차요금을 받는다.
주차 관리비	지자체 공용주차장이나 기업의 부설주차장은 수익보다 최소한의 주차 관리비용만을 징수한다.
비싼 주차료	차량의 도심 진입을 억제하기 위해 비싼 주차료를 받는다.
저렴한 주차료	지하철역이나 시 환승역 주차장은 대중교통 이용을 위해 주차요금을 저렴하게 받는다.
무료주차장	도시진입을 통제할 목적으로 시 외곽지역 공공부지에 주차장을 시설하고 주차비는 무료로 한다.

▲ 주차비를 받는 이유

공짜의
함정

여론조사를 보니 요즈음 젊은이들 눈에 노인에 대한 시선이 점점 더 차가워지고 있다. 노인에 대한 과도한 복지도 문제이지만 일자리까지 노인들이 빼앗고 있다는 것이다.

노인들의 복지를 왜 젊은이들이 떠안느냐는 것이다. 그중 하나가 경로 무임승차다. 서울에서 온양 간 지하철을 보니 손님의 절반 이상이 무료승객이라고 한다. 그동안 파고다공원이나 도심 속의 산에서 하루를 보냈던 은퇴자들이 대거 몰리고 있기 때문이다.

사정이 이런데도 어느 지자체에서는 시민들에게 여권사진을 무료로 찍어준다고 선심정책을 폈다. 그러자 동네 사진관들이 들고 일어났다. 무엇보다도 무료정책만큼은 조심스럽게 결정을 해야 한다. 지방의 한 운전학원 원장이 버스노선이 없는 동네에 시민들을 위해 무료 출퇴근 자원봉사에 나섰다. 얼마나 고마운 일인가.

그 학원 원장은 일주일 만에 고발을 당해 벌금 2,000만 원까지 물고서 그 일을 그만두어야 했다. 고발한 사람들은 다름 아닌 지역의 택시사업자들이었다. 자신들의 수입이 줄어들었기 때문이었다.

무료급식, 무료보육을 하면 국민들이 세금을 더 내야 한다. 무료 기숙사를 만들어 대학생에게 제공하니 원룸 업자들이 들고일어났다. 보건소에서 저렴하게 진료를 해주니 이제는 동네병원들이 하소연한다.

그런데도 정치인들은 연례행사처럼 선거철만 되면 무료정책을 남발한다. 그러나 그 돈은 누군가 부담을 해야 한다. 사람을 통제하는데 가장 효율적이면서 쉬운 수단이 돈이다. 반면 그 정책을 한번 쓰면 다시 돌이킬 수 없는 가장 위험한 수단이기도 한다.

2011년 오세훈 서울시장은 무상급식을 반대하다가 서울시민의 질타를 받고 시장직에서 물러나야 했다. 자녀의 밥값 정도는 학부모가 내야 하지 않겠느냐며 설득에 나섰지만, 그는 결국 사표를 낼 수밖에 없었다. 서울시에서도 실패한 무상급식 중단을 2015년에 다시 들고 나온 사람이 있다. 홍준표 경남도지사이다.

그는 무상급식 중단을 선언한 후 도민들로부터 외면을 받아 지금도 수렁에서 벗어나지 못하고 있다. 아마 자신의 지역에서 가장 인기가 없는 정치인일 것이다. 그들은 인기에 영합하지 않고 소신껏 정책을 펴다가 추락했다. 인기를 먹고 사는 다른 정치인과는 다른 두 분의 소신에 나는 박수를 보낸다. 하지만 그들이 놓친 게 있다. 무상정책은 한번 쓰고 나면 거두지 못한다는 사실이다. 역린은 왕에게만 있는 것이 아니다. 백성에게도 역린이 있다. 그것은 바로 주었다 빼앗는 것이다. 공짜는 마약과도 같다. 한번 맛을 보면 좀처럼 그 맛을 그만둘 수가 없다. 안타깝게도 두 사람 다 백성의 역린을 건드려 나락으로 떨어졌다.

이번에는 또 중소기업에 취직하면 1년에 천만 원씩 준다고 한다. 청년 들이 중소기업에 가지 않고 대기업만 선호하자 정부가 나서서 대기업과 비슷하게 임금을 맞춰 주겠다는 것이다.

1년에 4조가 들어간다고 하니 국민 1인당 10만 원씩 걷어 중소기업에 취직한 청년에게 주는 셈이다. 새로 취업하는 청년만 해당이 된다고 한 다. 그러자 이전에 취직한 청년들이 먼저 취직한 것이 죄냐며 들고 일어 났다. 처음에 관심을 뒀던 청년들도 3년간만 준다는 말에 반응이 시큰둥 하다. 시작도 하기 전에 불만의 목소리가 여기저기서 터져 나왔다.

"백성은 가난을 탓하는 게 아니라 차이를 탓한다."라는 공자의 말이 새삼스럽다. 예산이 한정되어 있으니 원하는 중소기업에 다 줄 수는 없 다. 여기에 취직을 하지 못한 청년들의 불만도 무시할 수 없다. 3년간 한 시적으로 준다고 하는데 그 이후는 또 어떻게 감당할 것인가.

현재의 효과보다는 장기적인 해결책을 찾아야 한다. 돈보다는 비 금전 으로 혜택을 주는 편을 찾아야 한다. 독일처럼 중소기업에 근무하면 대학 학점을 인정하는 방법도 있다. 일정 기간 중소기업에 근무하면 정부에서 제공하는 주택을 저렴하게 구매하도록 혜택을 주는 방법도 있다. 당장 좋 은 일자리를 늘리는 기업에 혜택을 주는 방법을 찾아야 한다.

2017년 한 해 동안 은행권에서만 구조조정으로 일자리를 잃은 사람이 5천 명이 넘는다. 그 기간 은행은 수십조 원의 이익을 내고 있으면서도 말이다. 하지만 그들은 오늘도 무인점포를 늘리면서 영업장을 줄이고 인원을 감축한다. 덕분에 넘쳐나는 이익금으로 돈 잔치를 한다. 지금도 톨게이트는 하나둘 무인화되고 지하철도 무인운전을 한다. 두 사람이던 객차 승무원을 한 사람으로 줄이고 일자리를 없앤다. 청년을 채용하는 중소기업에 1,000만 원씩 주는 것보다 차라리 금융권이나 공기업에 좋은 일자리를 늘리는 방안을 찾아야 한다.

공짜로
해서는
안 되는 것

정작 돈을 주어야 하는 데에도 공짜로 거저먹으려고 하는 것이 있다. 바로 각종 여론조사다. 그나마 아르바이트 직원들이 서류를 들고 다니며 설문을 받는 정도라면 이해라도 한다.

대부분은 불특정 다수에게 전화를 걸어 여론조사를 한다. 그것도 미리 녹음된 기계음성에 따라 전화 버튼을 누르도록 하는 방식을 쓴다.

여론조사에 응하면 휴대폰 전자파에 노출된 채 3분 정도의 시간을 내서 답해야 한다. 바쁜 시간에 금쪽같은 시간을 내야 한다. 그것도 미리 녹음된 기계음을 따라서 말이다. 여론조사 회사들은 의뢰인으로부터 일정한 비용을 받고 여론조사를 한다.

그런데 정작 여론조사에 응한 사람들에게는 공짜로 여론을 수집한다. 그러다 보니 여론조사기관에서 전화가 오면 대부분 전화를 바로 끊어버린다. 응답률이 겨우 2~3% 정도밖에 안 되는 이유다. 100명에게 전화를 해봐야 겨우 두세 명이 응답한다는 것이다. 왜 그럴까. 여론조사업체에서 공짜로 먹으려고 하니 그렇다. 자신들은 여론조사 응답자 1명당 상당한 돈을 받으면서도 정작 응답자에게는 한 푼도 안 주는 것이다.

아마 보통 사람이라면 예고도 없이 아무 때나 걸려오는 여론조사 전화에 쉽게 응답하지 않을 것이다. 만약 여론조사에 응한 사람에게는 휴대폰 요금에서 자동으로 3,000원 정도를 여론조사 응답비용으로 지불한다면 아마도 응답률은 50% 이상으로 올라갈 것이다.

요즘이 어떤 세상인가. 공짜는 어디에도 없다. 마트 앞에서 간단한 설문을 작성해도 사은품을 준다. 아파트 전단지 한 장도 잘 안 받아들 정도로 모두가 바쁘고 무관심한 세상이다. 그런데 여론조사는 전화를 받고 고민해야 하고 답해야 하는 일이다. 그만큼 스트레스를 받는 일이다. 여기에 내 직업, 나이 등 개인정보까지 요구한다.

이런 정도라면 응당 비용을 지급하고 여론조사를 해야 한다. 아마 응답자에게 일정 비용을 지급하는 여론조사기관이 나오면 가장 정확하고 응답률이 높은 여론조사기관이 될 것이다.

자율과 규칙

인간은 누구나 자유를 원한다. 그 누구에게도 간섭받지 않고 자유스럽게 살고 싶어 한다. 고갱이 화려한 프랑스를 떠나 타히티에 정착했던 것도 이 때문이었다.

케이블 방송에 자연인의 삶이 소개되기도 한다. 사람들은 인적이 드문 산속에서 자유롭게 혼자 살고 있는 그를 보고 부러워하기도 한다. 하지만 그들이 찾은 것이 진정한 자유가 아니다. 사회는 물론 가까운 가족, 친척과도 어울리지 못하는 원시인일 뿐이다. 진정한 자유란 일정한 법칙 안에서 가능하다.

조금 더 이해를 돕기 위해서 테니스 경기장으로 한번 가보자. 네트도 없고 경기규칙도 없이 마음대로 공을 친다면 누가 경기를 보겠는가. 스포츠가 아름다운 것은 일정한 크기의 경기장과 규칙이 있기 때문이다. 제멋대로 소리를 지르면 소음에 불과하지만, 일정한 박자를 담아 리듬을 넣으면 아름다운 음악이 된다. 성인이라고 존경하는 분들은 인간이 지켜야 할 규칙을 만들고 이를 실천한 분들이다. 그것이 종교가 되었고 철학이 되었으며 예술이 되었다. 생활에서는 예절이라고 하였으며 이들이 어우러져 하나의 문화가 되었다. 선진국에서 한때 유행하던 히피족이 사라진 것도 이 때문이다.

사람이 동물과 다른 점은 문화생활을 한다는 것이다. 그래서 인간을 사회적 동물이라고 한 것이다. 하지만 문화는 하루아침에 만들어지지 않는다. 일정한 규칙 속에서 오랜 세월 동안 숙성되고 또 숙성되어 만들어진다. 이 문화에 따라 선진국과 후진국이 나누어진다. 인품이 있는 사람인지 아닌지도 문화생활의 잣대로 보면 가름이 된다.

내가 자란 곳은 초등학교 대신에 서당이 있었다. 1970년 정부는 한자 사용을 금지했다. 산업시대에 밀려 선비들은 하나둘 자취를 감추었다. 이곳에서 형님은 이 시대의 마지막 선비의 길을 걸었다. 덕분에 나는 어릴 때부터 맹자, 논어 등 글 읽은 소리를 가까이 들으며 살았다.

그 내용은 하나같이 인간이 살아가면서 가져야 할 자세와 사람들 간에 지켜야 할 도리에 관한 것이었다. 하지만 지금 이런 교육은 입시교육에 밀려 초등학교에서조차 찾아볼 수 없다. 인문학이란 제목으로 방송에서 혹은 학교 밖에서 겨우 명맥을 유지하고 있다. 그나마 관심을 두는 사람은 자라나는 학생보다는 일반인이 대부분이다.

인품이 있는 사람은 혼자 있을 때도 흐트러짐이 없다. 행동 하나 말 한마디를 함부로 하지 않는다. 우리는 이 같은 삶을 존중하고 본받으려고 한다. 산속에서 제멋대로 행동하고 아무렇게나 살아가는 자유인과 대조적이다. 옷 하나 제대로 걸쳐 입지 않고 아무렇게나 살아가는 타히티 원주민들의 삶을 부러워해서는 안 될 이유다. 역사를 뒤돌아보면 인류가 옷을 해 입기 시작하면서부터 비로써 원시사회에서 벗어날 수 있었다. 입고 있는 옷만 보아도 그 사람의 인품이나 됨됨이를 알 수가 있다.

품격과
격식

500년의 왕조를 지킨 조선의 역사는 지금도 세계역사학자들의 연구대상이 되고 있다. 그 이유를 정치, 사회, 교육 등 다양한 분야에서 찾고 있다.

그런데 최근에 가장 주목을 받고 있는 게 조선의 격식문화이다. 의식이란 보이지 않는 사람의 내면의 지식이다. 반면에 격식이란 겉으로 보이는 행동이나 의복 등을 말한다. 유독 조선사회는 격식을 중요시했다.

집의 크기, 대문의 개수, 담장의 높이는 말할 것도 없고 밥상의 크기에서부터 반찬의 가짓수까지 일일이 정해 놓았다. 입는 옷은 평상복에서부터 외출복, 근무복까지 색상과 디자인을 정했다. 특히 머리에 쓰는 의관은 그 사람이 하는 일에 따라 구분하였다. 여성의 한복은 우아함을 돋보이게 했고 남성의 의관은 가장으로서 위상을 높이도록 했다.

언젠가 제주도에 갔을 때의 일이다. 지인의 손에 끌려 나이트클럽에 들어갔다. 한복을 곱게 입은 신혼부부가 눈에 보였다. 부부가 평소에도 얌전했는지 모르지만, 한복을 입은 그날만큼 세상에서 가장 단아하고 아름다운 여인으로 보였다.

예비군소집 때 군부대에서 사회생활 하던 사람들의 군복을 입은 모습을 보면 모두가 다 비슷해 보인다. 근엄한 의사도, 깐깐한 교사도 건설현장에서 일하다 온 기술자도 모두 예비군이 된다. 아마 사회에서 입던 옷을 그대로 입고 훈련했더라면 한두 달이 되어도 쉽지 않을 일이다.

이같이 통일된 복장은 강력한 통제수단이기도 하다. 학교에서 교복을 입는 이유도 이 때문이다. 초등학교 시절에는 교복이 없어도 선생님의 말씀에 잘 따른다. 하지만 중·고등학교에 들어가면 사춘기에 접어들고 신체적으로 성숙하다 보니 자유에 대한 욕구 또한 강해진다. 이때 단정한 머리스타일이나 교복은 적절하게 통제하는 역할을 한다.

갑자기 정권을 잡은 군사정부는 자율화에 대한 상징을 엉뚱한 곳에서 찾았다. 중·고등학교에 교복을 없애고 학생들 두발도 자유화한 것이다. 자율화에 대한 의미도 목적도 없이 즉흥적으로 결정한 정책이었다. 효과는커녕 여기저기서 부작용이 속출했다. 당장 교실분위기가 산만해졌다. 한창 욕구가 강한 청소년들을 통제하기도 힘들어졌다. 얼른 봐서는 대학생인지 고등학생인지 구별하기가 힘들었다. 이제 청소년이 가서는 안 되는 지역에도 거리낌 없이 드나들었다. 너도나도 비싼 명품 옷을 입다 보니 학부모들은 비싼 옷값에 더 힘들어했다. 학교에 대한 소속감이나 자부심도 교복과 함께 사라져 갔다. 혼란은 오래가지 못했다. 몇 년이 지나자 하나둘 다시 교복이 등장했다. 이제 교복을 입지 않는 중·고등학교는 없다.

규칙과
통제

사회가 복잡해지고 국민의 의식이 높아지면 그 사회는 일정한 법칙이나 규칙에 따라 움직여야 한다. 즉, 사람이 아닌 시스템이 가동되어야 한다.

언뜻 잘못 이해하면 국민의 의식이 높아지면 교통시스템이 없어도 스스로 알아서 지킬 것으로 생각한다. 조금만 생각해보면 정반대라는 걸 알 수 있다.

신도시가 건설되면 초기에는 신호등이나 교통법규가 딱히 필요하지 않다. 교통경찰 몇 명만 있어도 별 막힘이 없다. 아직 다니는 차도 사람들도 많지 않기 때문이다.

하지만 시간이 흘러 도시가 복잡해지면 경찰 몇 명으로는 감당이 안 된다. 당장 교차로에 교통신호등부터 설치해야 한다. 그래도 차가 밀리면 입체교차로도 만들어야 한다. 주차금지 구간도 정하고 사람이 많아지면 차 없는 거리도 만들어야 한다. 교통법규도 강화하고 단속과 처벌도 같이 해야 한다. 사람이 아닌 교통시스템을 구축해야 하는 이유다.

이러한 교통시스템 속에서 오랜 기간 생활하다 보면 교통은 문화로 자리를 잡는다. 교통문화가 정착되면 굳이 단속하지 않아도 불법주차를 하지 않게 된다. 단속카메라가 없어도 스스로 알아서 과속하지 않는다. 횡단보도 앞에서는 누구나 일단정지를 한다.

작은 동호회 하나를 운영하더라도 이런저런 규칙이 필요하다. 그래서 단체마다 회칙이 있고 회사에는 사규가 있다. 하물며 많은 사람이 어우러 져 같이 살아가려면 얼마나 많은 규칙이 필요하겠는가.

수많은 규칙을 만들었지만, 그 규칙을 지키지 않으면 낭패다. 스포츠 에서는 반칙으로 퇴장하면 그만이다. 회사에서는 징계를 하고 사표를 받 으면 된다. 힘없는 친목단체에서 간혹 이 같은 회원이 있으면 이러지도 저러지도 못하고 애를 먹는다.

반면에 조직이나 단체가 힘이 있으면 그만큼 다스리기도 쉽다. 가끔 정부나 지자체에서 약한 시민을 대상으로 그 힘을 잘못 쓰기도 한다. '신 고포상제'를 두고 하는 이야기다.

사람을 다스리는데 돈만큼 쉬운 게 없다. 아이를 달래는 데에도 곶감 보다는 돈이 효과적이다. 때로는 상금을 보고 온몸을 불사르기도 하고, 벌금이 무서워 세금이 무서워 망설이기도 한다.

신고
포상금

세상에 쉬운 일이 어디 있던가. 쉬운 만큼 이에 따른 부작용도 감수해야 한다. 그중 하나가 신고포상제다. 최근에는 펫(Pet)파라치라는 신고포상제를 만들었다.

강아지에게 목줄을 하지 않거나 똥오줌을 아무 데나 싸면 신고하도록 하는 것이다. 이걸 신고하면 포상금이 자그마치 20만 원이다. 이런 신고포상금 제도가 모두 1,200여 가지가 넘는다. 그중에는 생닭파라치라는 포상금도 있다. 재래시장에서 생닭을 잡아서 포장하지 않고 파는 것이 위법이라는 것인데 이를 신고하면 신고포상금을 주는 것이다.

그러다 보니 관련 부처마다 새로운 신고포상 제도를 만들었다. 정책도 잘 지키게 하고 벌금으로 수입까지 생기니 이거야말로 일거양득인 셈이다. 하지만 조금만 더 생각해보면 부작용이 한둘이 아니다. 무엇보다 국민들 간의 갈등이다. 똑같은 단속을 당했어도 누가 단속했느냐에 따라 기분은 달라진다.

언젠가 나는 급한 일을 보느라 도로변에 잠시 차를 세워두었다. 일을 마치고 차가 있는 곳으로 와보니 누가 사진을 찍고 있었다. 카파라치였다.

"당신 누군데 남의 차 사진을 찍고 그래요?"

가까이 가서 다그치자 그 남자는 슬금슬금 자리를 떴다. 그러나 오후 내내 기분이 좋지 않았다. 만약, 단속했던 사람이 경찰이라면 어땠을까.

경찰이라는 신분만으로도 우리는 그들의 단속에 큰 불만이 없이 수긍한다. 그런데 아무나 단속하면 상황은 다르다. 좀처럼 인정하지 않는다. 여기에 단속이나 벌금은 당근이 아닌 채찍이다. 당장은 말을 하지 못하지만 조금씩 쌓이면 언젠가는 폭발을 한다. 그것이 노사분규니 혹은 촛불집회 같은 집단행동으로 나타나기도 한다.

국민의 갈등보다 더 큰 문제는 국민을 수준 이하로 만든다는 것이다. 마치 초등학생에게 숙제 안 하면 회초리를 드는 것과 같다. 실력 없는 교사는 가장 쉬운 방법인 체벌을 쓴다. 현명한 교사라면 체벌 대신 숙제를 할 수 있도록 여러 가지 방안을 찾을 것이다.

벌금은 도덕적으로나 사회적으로 비난받을 정도의 행위를 했을 때 부과하는 것이다. 하지만 벌금의 기준은 사회적 합의가 먼저 이루어져야 한다. 법원에서 부과하는 벌금에 불만이 없는 것은 그러한 사회적 합의가 오랜 기간 숙성되어 자리를 잡았기 때문이다.

더
좋은
방법

신고포상금보다 더 좋은 방법은 얼마든지 있다. 성남시는 흡연자에 대한 단속 대신 실버 금연도우미를 배치하여 시민들로부터 좋은 호응을 얻고 있다. 금연도우미는 70세 이상 할머니들 중에서 선발한다. 이들은 일정한 교육을 받은 후 어깨띠를 두르고 2명이 1개 조가 되어 활동한다. 금연구역에서 흡연하는 사람을 보면 금연도우미가 그들 곁에 다가간다.

그리고는 기분 나쁘지 않게 흡연자에게는 모른 척 할머니가 이야기를 주고받는다. 흡연자는 눈치를 보다가 이내 담배를 끄고 자리를 떠난다.

성남시는 주차단속에 할아버지를 도우미로 선발하려고 준비 중이다. 이처럼 정책을 수립할 때는 신고포상제에 앞서 다른 방법을 생각해야 한다.

중앙선 위반을 자주 한다면 중앙분리대를 설치하는 것을 예로 들 수 있다. 주차위반이 잦은 곳이라면 견인을 하고 벌금을 부과하기보다 다른 방법을 찾아야 한다. 주차도우미를 배치하여 주차하지 못하도록 안내하는 방안부터 세워야 한다.

아무 데나 똥을 싸고 목줄이 없는 강아지를 신고하는 펫파라치를 예로 들어 보자. 신고포상제에 앞서 여러 방법을 생각할 수 있다. 우선 공원이나 특정 지역을 만들어 강아지가 목줄 없이도 자유스럽게 산책할 수 있는 공간을 마련하는 것이다. 그곳에서는 강아지가 마음대로 똥이나 오줌을 싸도 된다. 강아지에게도 일종의 권리를 주는 것이다.

또 하나의 방법은 성남시처럼 70세 이상 고령자를 일정한 교육을 하여 강아지 도우미를 배치하는 것이다. 강아지가 놀기 좋은 동네공원 등에서 활동하도록 하는 것이다.

자원봉사 형태로 할 수 있고 일정경비를 지급할 수도 있다. 경비를 충당하기 위해 강아지 등록제 같은 제도를 만들어 강아지 한 마리당 일정 비용을 받을 수도 있다. 강아지 보험도 드는 마당에 등록비 정도는 별 불만 없이 낼 것이다.

비상구에 물건을 쌓아놓은 것을 비파라치에게 걸려 신고가 되면 200만 원의 벌금을 내야 한다. 한번 신고를 당하면 그 후유증은 오래간다. 정작 잘못은 내가 했지만, 행정관서에 대한 불만은 말할 수 없다. 이유도 없이 불신이 싹을 튼다.

이 역시 신고포상제 이전에 다른 방법을 찾을 수 있다. 우선 비상구 안전교육을 받은 사람을 일정한 자격을 주어 지도를 시키는 것이다. 신고포상제 대신 이들에게 기본 일당 외에 지도건수에 따라 지도비를 지급하는 것이다. 이들은 단속이 아니라 지도건수를 올리기 위해 이곳저곳을 찾아다닌다. 상인들과 마찰도 없다. 일자리도 창출되고 일하는 이들은 보람도 갖게 된다.

나는 세종시에 비슷한 내용을 건의하였다. 세종시는 전국최초로 안전
도시 인증을 준비하고 있다.

시 담당자는 시민을 대상으로 '생활안전 지도사' 자격과정을 개설하
고 시민을 모집했다. 물론 예산은 시에서 부담했다. 이를 위해 한국직업
능력개발원에 자격등록을 하고 교육과정을 준비했다. 총 2기 교육을 실
시했으며 60여 명 수료자에게는 자격증이 수여되었다. 이들은 앞으로 세
종시의 소방안전이나 각종 안전 예방활동을 하게 된다. 신고포상제가 아
닌 사전 예방지도 활동을 하는 것이다.

그렇지만 대부분은 신고포상제를 계속하고 있다. 문제는 돈이다. 지금
의 신고포상제는 부처의 돈벌이에 중점을 둔 느낌이 들기 때문이다. 비상
구 위반신고를 보자. 벌금은 200만 원인데 신고자에게는 5만 원을 지급
한다. 20배 남는 장사인 셈이다. 대부분의 신고포상제가 20배에서 30배
가 넘는다. 심지어 벌금이 신고포상금의 50배가 되는 경우도 있다. 여기
에 신고를 당한 사람 대부분이 서민들이다.

억울한
사람들

순박한 시골마을에서 가끔 당하는 일이
다. 마을 주민들은 아무것도 모르고 관광버스에 올라타 기분 좋게 점심까
지 얻어먹었다. 얼마 지나지 않아 마을은 초상집으로 변했다.

마을 전체에 1인당 400만 원씩 벌금이 나온 것이다. 관광버스에 식비

까지 8만 원의 50배가 벌금으로 나온 것이다. 그런데 관광을 제공한 사람은 아무런 처벌을 받지 않았다. 비슷한 일은 곳곳에서 일어났다. 명절날 식용유 한 병씩을 받았다가 50만 원의 벌금을 낸 마을도 있다.

아무것도 모른 채 정치인에게 결혼축의금 봉투를 받았다가 50배 과태료를 낸 사람은 더 황당하다. 누가 왜 만들었는지도 모른 채 이상한 논리의 법을 따라 수많은 사람이 피해를 보고 있다.

살인죄보다 살인미수죄를 5배나 더 무겁게 처벌한다면 어떨까? 장애인 주차위반을 두고 하는 얘기다. 일반 차량이 장애인 주차구역에 무단주차하면 10만 원인데 장애인 주차구역 앞에 이중주차를 하거나 잠시 정차하면 50만 원을 물어야 한다.

전문가들마저 행정법상 '비례의 원칙'에 어긋난다고 지적한다. 강제상 경희대 교수는 '형평성과 균형을 고려하지 않고 무조건 과태료만 올리다 보니 상식적으로 납득하기 어려운 결과가 초래됐다.'라고 꼬집었다. 최병대 한양대 교수도 '사회적으로 공감할 수 없는 과태료를 누가 만들었는지 따져보아야 한다.'라고 지적했다.

신고를 당하고 가장 억울한 경우는 미성년자에게 술을 판매했다고 신고를 당한 경우이다. 대학생을 대상으로 곱창집을 하다가 한 달간 영업정지를 당한 식당주인의 사연이 소개되었다. 미성년자에게 술을 팔았단 이유였다. 건장한 체격에 연인 같은 남녀 5명이 와서 주문하길래 당연히 대학생인 줄 알았다고 한다. 더욱이 곱창을 먹으면서 곁들어 술까지 시켜먹기에 전혀 의심을 안 했다고 한다. 이들이 계산할 때 학생증을 내밀면서 자신들은 미성년자라고 당당하게 말하며 술값을 받으려고 하면 신고하겠다고 협박까지 했다고 한다. 주인은 기가 차서 '돈 주기 싫어 그러느냐, 알아서 해라.'라고 했더니 녀석들이 신고해버린 것이다.

결과는 가혹했다. 벌금 300만 원에 영업정지 한 달이었다. 더욱 황당한 것은 신고자는 아무런 처벌도 없다는 것이다. 사실 미성년자인지도 모르고 판매한 사람보다 뻔히 알고 있으면서 자신의 신분을 속이고 술을 산 사람들이 더 나쁘다. 모든 죄는 위법의 행위를 한 사람에게 그 책임을 물어야 한다. 당연히 술을 판매한 사람보다 사는 사람에게 책임을 물어야 한다. 하지만 법은 그 반대다.

나는 지자체 공무원을 상대로 강의할 때면 가끔 이 문제에 관해 이야기를 꺼낸다. 지자체에서 청소년 담배판매나 술판매 시 업주보다는 행위를 한 청소년들을 처벌하도록 하라고 말이다. 다행히 경기도에서 판매자가 아닌 행위자를 처벌하는 쪽으로 법 개정을 추진하고 있다고 한다. 유럽에서는 대부분이 판매자를 처벌하지 않고 매수자만 처벌하고 있다. 즉, 술을 파는 사람은 처벌하지 않고 사는 청소년들만 처벌하는 것이다. 갑의 위치에 있는 사람에게 책임을 물은 것이다. 굳이 갑과 을을 따진다면 매수자가 갑이기 때문이다.

그동안 모든 신고포상제나 벌금은 아무것도 모르는 국회의원들이나 공무원들이 즉흥적으로 만들었다. 그러다 보니 공평과 균형을 잃어버린 것이다. 어찌 된 영문인지 한번 만든 제도는 어지간해서는 고치지 않는 게 우리나라의 현실이다. 이제라도 모든 신고포상금이나 벌금제도는 전문가에 의해 다시 만들어져야 한다.

최저임금과
무인자동차

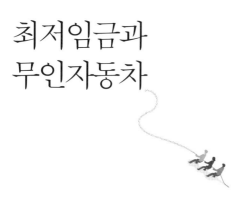

우리나라도 최저시급 시간당 1만 원 시대를 앞두고 있다. 임금이 오르면 근로자의 삶도 넉넉해지고 경제도 좋아질 것이다. 서민들은 저임금에서 벗어나니 사회는 안정될 것이다. 그렇지만 부작용이 곳곳에서 나타나고 있다.

무엇보다 일자리가 예상보다 빠른 속도로 줄어들고 있다. 24시 편의점은 심야시간에 문을 닫고 3명의 인력을 2명으로 줄이는 곳이 많아졌다. 알바를 쓰다가 편의점 주인이 직접 근무하는 곳도 하루가 다르게 늘어나고 있다. 전국의 편의점 수가 4만여 개로 대략 줄어든 일자리는 3만 개 정도가 될 것으로 추정한다. 아마존의 무인 편의점이 국내에도 곧 문을 연다고 하니 편의점에 직원이 사라질 것이라는 분석도 나온다.

또 다른 문제는 편법의 등장이다. 경비나 청소원 같은 단순 노무직에서 많이 쓰고 있는 수법이다. 근로시간은 그대로이면서 휴식시간을 중간중간 넣어 실제 받는 임금은 그대로 유지하는 것이다. 월급보다는 일자리를 유지하고 싶은 사람들의 심리를 이용하는 것이다.

임금은 자신의 능력에 따라 결정되는 것이 시장경제다. 시급 1만 원을 주기에는 턱없이 능력이 안되는 사람도 많이 있을 것이다. 능력 있는 사람이라면 시급을 2만 원을 주고서라도 고용하고 싶은 것이 사장의 마음이다. 사람의 능력을 일일이 평가할 수는 없다.

업종별, 지역별, 나이별로 최저시급을 구분하여 차등을 둔다면 경영자나 근로자는 선택의 폭이 더 다양해질 것이다. 단순한 일을 하고 있는데 시급을 많이 책정하면 사장은 고민에 빠진다. 인력을 줄이든지 아니면 많은 돈을 주고서라도 자동화를 할지 선택할 것이다.

집에서 노는 것보다 소일거리를 하면서 용돈이라도 벌고자 하는 퇴직자나 어르신들은 돈보다는 당장 일자리가 우선이다. 60세 이상의 나이드신 분들은 최저시급은 90%, 70세 이상은 80%쯤으로 책정하여 탄력임금제를 해보는 것도 좋은 방법이다.

경비업종에 종사하는 분들의 나이를 보면 대부분이 60대 70대 이상이다. 이분들은 탄력임금제를 적용해야 한다. 최저시급 인상으로 당장 이분들의 일자리가 급속히 사라지고 있기 때문이다. 나이 든 것도 서러운데 최저임금까지 차별하느냐고 항의하는 분은 없을 것이다. 기업에서는 이미 임금피크제도나 촉탁직제도와 같은 탄력적 임금을 운영하고 있다.

최저시급이 인상된 후 많은 아파트들이 경비를 없애고 무인시스템을 도입하고 있다. 그만큼 일자리가 사라지고 있다.

무인화,
자동화

무인화, 자동화는 문제가 발생하면 바

로 대처하지 못한다. 기계가 고장이 나거나 사용법을 잘 몰라서 당황할 때 그 피해는 고스란히 이용자가 감수해야 한다. 무인운전을 계획했던 경전철이 최근에 안전요원을 배치한 것도 이 때문이다.

그런데 이들 안전요원은 퇴직 기관사 출신이 대부분이다. 30년 이상 기관사로 일하다 기계 보조원으로 전락한 자신들의 처지에 자괴감마저 든다고 하소연한다. 열차운행부터 출입문 여닫는 것까지 기계가 다 알아서 하고 문제가 생기면 그들이 나서 보조만 하기 때문이다.

경전철뿐만이 아니다. 최저임금이 오르고 난 후 대형마트 같은 곳에 자율 계산대 설치가 늘고 있다. 계산하는 직원이 없이 무인으로 운영되는 계산대지만 만약을 대비해 직원들이 항시 대기하고 있다.

직원들은 기기 조작법을 일일이 고객에게 설명하거나 아예 직접 처리해 주기도 한다. 식당 역시 무인주문기계를 설치한 곳이 많지만, 기계 앞에서 항상 직원이 대기한다.

직원의 도움 없이는 금방 줄이 길게 늘어서기 때문이다. 처방전 발급과 병원비 수납까지 가능한 병원도 이 같은 상황은 마찬가지다. 무인수납기가 설치된 병원 대부분이 무인 수납기계 앞에서 직원이 교대로 상주한다.

서비스업에서는 고객과의 접점을 가장 중요하게 생각한다. 식당이나 옷가게 등 대부분의 서비스업에서는 무엇보다 손님과의 첫인사가 성공을 가름하기 때문이다. 직원을 보면서 서비스비용을 지불하고 싶어 한다.

반면 기계와 대화하면서 음식값을 지불하고 싶은 고객은 단 한 명도 없을 것이다. 한 그릇에 500원을 더 지불하더라도 기꺼이 종업원이 있는 식당을 찾을 것이다. 그뿐만이 아니다. 장애인들이나 노약자들은 무인화 기계 앞에서 당황해 하며 사용하지 못하고 돌아선다. 최저임금인상과 자동화는 이렇게 엉뚱한 방향으로 부작용을 낳고 있다.

자율자동차의
위험

지금 세계는 온통 자율주행차에 관한 관심으로 뜨겁다. 우리나라도 대통령이 직접 나서 자율주행차를 탑승하기도 했다. 그러다 보니 유행처럼 너도나도 자율주행차 개발에 나서고 있다. 대화에서도 4차산업과 함께 단골메뉴가 되고 있다.

어떤 이는 지금도 경전철이나 일부 지하철의 경우 무인운행을 하고 있지만 실제로는 기관사가 항시 탑승한 '유인' 열차라고 말한다. 무인으로 운행하다가 갑작스러운 돌발사태에 혼이 나고부터 인력을 배치했다. 기관사 자격증을 가진 안전요원이 전동차 고장이나 사고 등 만일의 사태에 대비하는 시스템이다. 일정구간을 정해진 궤도를 따라 운행하는 기차도 무인화 운행이 어려운 것이다.

운전 환경이 불규칙한 자동차는 기차와 전혀 다르다. 무엇보다 일자리의 감소현상을 가져온다. 자율운전으로 운전이라는 직업 자체가 사라지게 된다. 전체 산업에서 운전을 직업으로 하는 사람들의 고용인원은 10%나 된다. 화물차 기사, 버스기사, 택시기사, 관광버스기사 등 운전을 직업으로 하는 사람이 하루아침에 일자리를 잃게 된다.

지금도 정부는 일자리 창출을 위해 해마다 수조 원의 돈을 쏟아 붓고 있다. 그런데 자율자동차를 개발하면 결과적으로 돈을 들여서 일자리를 없애버리는 것이나 다름이 없다.

자동차는 단순히 제품을 생산하는 공장이 아니다. 탑승자의 생명뿐만 아니라 자동차가 지나가는 주변의 생명과 안전까지도 위태롭게 할 수 있는 특수한 영역이다. 지금도 비행기나 철도 등은 거의 자동으로 운전한다. 하지만 기관사, 조종사가 배치된다.

비행기는 기장, 부기장 등 세 명 이상이 조종한다. 자동항법장치에 자동조정장치, 자동이착륙 프로그램이 있다. 하지만 한순간도 조종간에서 눈을 떼지 않는다. 만일의 사태를 대비하기 위해서다. 승객을 태운 무인항공기나 무인철도운전은 없다. 자율자동차를 무인운전으로 판단해서는 안 된다.

나는 지난 20년간 수많은 직업을 분석하고 현장의 작업들을 분석해왔다. 100% 자동운전이란 거의 없었다. 자동운전이라고 하지만 더 들어가 보면 그 어디서든 사람이 모니터링을 통해 통제하고 있었다.

지금의 자동차 운전은 100% 수동조작이다. 그만큼 노동의존도가 커피로감이 높은 일이다. 따라서 자율주행차는 사람을 없애는 것보다는 수동운전을 10%나 20% 이하로 줄이고 대신 자동운전 비율을 높여 운전자의 피로감을 줄이는 것을 목적으로 삼아야 한다.

특히 복잡한 시내도로나 신호등, 교차로 등에서는 자동보다는 수동운전을 병행하여 사고를 방지해야 한다. 운전은 다른 자동화와 다르다. 생명과 직결되는 분야다. 만일의 상황에 항상 대비해야 한다.

대부분 사람은 자율주행차가 나오면 아예 운전면허는 따지 않아도 될 거라고 기대한다. 하지만 전문가들의 생각은 다르다. 어떠한 경우도 면허

증은 있어야 한다는 것이다.

대신 단계별로 구분하여 자율운전을 통제하는 방안을 제시한다. 즉 레벨 0부터 5까지 6단계로 구분하는 것이다. 레벨 0은 자동화 기능 없이 운전자가 알아서 운전하는 단계다. 현재 대부분 자동차가 여기에 해당하는데 100% 수동으로 운전하는 단계를 말한다. 그다음은 레벨 1로서 사람이 대부분 운전하되 크루즈컨트롤, 차선이탈방지장치, 충돌방지장치, 긴급제동시스템 등 한두 가지의 자동화장치가 운전을 보조해주는 수준이다. 여기에 레벨 2는 몇 가지 자동화장치를 더하여 운전자를 지원해주는 단계다. 시중에 운행하는 상당수 자동차가 여기에 해당한다. 다음으로 레벨 3은 고속도로 등 특정환경에서 운전자가 개입하지 않고 주행이 가능한 수준이다. 레벨 4는 평소에는 운전 대부분을 자율주행시스템이 담당하고, 유사시 운전자가 개입하는 수준을 말한다. 가장 높은 레벨 5는 모든 환경에서 시스템이 스스로 운전하는 단계다. 그야말로 사람이 전혀 관여할 필요가 없는 정도이지만 안전을 보장할 수 없다. 현재 기차나 지하철은 레벨 3 정도다. 항공기의 수준은 레벨 4쯤 된다고 보면 된다.

최근 통신선로에 화재가 나는 바람에 도시 기능이 마비되어 버렸다. 통신에 장애가 발생할 수 있는 변수는 수십 가지가 넘는다. 송신기의 고장, 수신기의 고장, 네트워크 선로의 이상, 통신사의 장애, 위성의 문제, 단말기의 문제 등 수도 없이 많다. 이들 중 한 가지만 이상이 있어도 문제가 된다. 결국, 자율주행차의 가장 큰 위험은 통신 네트워크 장애다. 단 1초간의 통신장애만 있어도 30m를 아무런 통제 없이 무방비로 달리게 된다. 그야말로 거리의 폭탄이나 다름없다.

최저임금
인상과
자동화의
그늘

정치인들은 틈만 나면 일자리를 강조
한다. 하지만 정책은 거꾸로 가는 것을 종종 본다. 나는 가끔 공공기업이
나 기업을 방문한다. 그들은 하나같이 사람을 줄이는데 모든 힘을 쏟는
다. 경비를 없애고 수억을 들여 출입시스템을 만든다. 청소원을 줄이기
위해 자동청소기를 도입하기도 한다. 공기업 경영평가표에 인원을 줄이
는 것이 높은 점수를 받기 때문이다.

10년 전에 3명이 있던 자리가 지금은 한두 명으로 줄었다. 공기업, 대
기업은 너나 할 것 없이 인원줄이기에 앞장선다. 사람 대신 컴퓨터가 일
하는 것이다. 여기에다 곳곳에 무인 수납기기를 설치한다.

늘어나는 임금만을 생각하고 자동화를 도입한다면 보이지 않는 것까
지 잃게 된다. 대표적인 것이 고속도로 통행료 무인시스템이다. 통행요금
을 받는 요금소에 직원을 없애고 대신 하이패스를 설치하고 있다.

네댓 개 출입구 중 처음에는 한 군데였던 하이패스가 지금은 세 군데
로 늘었다. 이대로 가다가는 요금소에 직원이 없어질 날도 얼마 남지 않
은 것 같다.

몇 해 전의 일이다. 기업가 출신의 대통령이 목포의 한 공단 지역을 방
문했다. 오는 길에 한적한 시골마을을 지나는데 고속도로 진출입로에 차
량이 거의 보이지 않았다. 하루에 몇 대 안 다닌다는 말을 들은 그는 당장
진출입로를 없애라고 지시했다. 기업출신 대통령답게 가는 곳마다 이것
저것 지적하면서 효율성을 강조했다. 그러나 효율성만 따져서는 더 큰 것

을 잃게 된다.

고속도로 진출입로는 그 지역을 대표하는 상징성이 있다. 진출입로가 없어 그냥 지나친다면 길만 터주고 정작 혜택은 보지 못하게 된다. 통행량이 적어도 진출입로를 만들어야 하는 이유다. 효율성만을 따지면 직원을 없애고 하이패스가 좋을 것이다.

하지만 보이지 않는 다른 것도 같이 잃게 된다. 우선 일자리가 줄어든다. 가끔씩 직원들을 보면서 인사를 나누던 정겨움도 사라진다. 그 지역에 대하여 물어보거나 길을 안내받을 수도 없다. 대신 하이패스를 관리하는 업체는 몇 명 안 되는 직원으로 매출이 늘어날 것이다.

그 대통령의 눈에 시골에 있는 초등학교가 안 보이길 천만다행이다. 어린이가 줄어든다고 초등학교를 통폐합하고 없애 버리면 그 지역은 붕괴가 된다.

가끔 언론에 학생수보다 직원수가 많다고 꼬집은 기사를 본다. 선진국에 가면 다섯 명의 어린이를 위해 다섯 명의 교직원이 근무하는 학교도 있다. 학교는 아이들을 교육하는 곳만이 아니다. 그 지역의 생명줄이며 뿌리와도 같다.

뿌리가 살아 있으면 어제든 싹을 틔우고 꽃을 피울 수 있는 것이다. 어린이가 좀 줄어들어도 초등학교를 그대로 두어야 하는 이유다. 수익성만을 생각해 인원을 줄이고 무인화, 자동화를 밀어붙이면 더 큰 것을 잃게 된다.

목적이
명확해야

스타벅스는 손님이 아무리 많아도 번호표나 페이저(호출기)를 사용하지 않고 일일이 고객을 부른다. 고객과의 접점을 중요시하는 CEO의 경영철학 때문이다. 그래서일까. 별(★)다방이라 부르는 스타벅스는 매년 성장을 거듭하여 국내 커피시장의 부동의 1위 자리를 지키고 있다. 이에 비해 인건비를 줄이기 위해 온갖 셀프서비스에 페이저를 사용하면서 종업원의 목소리까지 아끼려던 국내의 대부분 커피점들은 고전을 면치 못하고 있다.

대부분 고객은 저렴한 가격 때문에 가게를 찾는 것이 아니다. 정감 있는 서비스를 받고 싶어 가게를 찾는다. 가격이 문제라면 차라리 커피 자판기를 이용하거나 집에서 재료를 사다가 요리를 해 먹는 편이 낫다.

무인계산기나 무인주문기계를 들려놓는 상당수 업체들은 기계를 공급하는 업자들의 유혹에 설득당해 기계를 덜컥 사고 만다. 그들의 이야기를 들으면 무인기기를 들여놓으면 당장 인건비가 줄어들어 매상이 늘어날 것 같다. 하지만 줄어드는 인건비 이상으로 손님은 점점 줄어들게 된다. 여기에 기계 앞에서 주문을 망설이는 고객이나 발길을 돌리는 고객을 보면 이러지도 저러지도 못하고 고민만 커진다. 결국, 무인자동기기 업자에 끌려다닌 결과는 고스란히 주인들 몫이다.

내가 자문하고 있는 지방에 있는 한 기업은 무인경비를 마다하고 아직도 여러 명의 경비를 고집하고 있다. 경영자의 가족경영 우선이라는 경영철학 때문이다. 무인경비 시스템을 도입하면 8명이나 되는 경비를 2명으로 줄일 수도 있다. 하지만 사장은 경비의 숫자를 줄일 계획이 없다. 회사의 식당도 외주를 주지 않고 직영을 하고 있다. 그는 기업경영의 목적을 직원의 행복에 두고 있다. 직원 한 사람 한 사람이 곧 가족보다 소중하다고 말한다. 그는 직원들이 자녀를 출산하면 30만 원이 넘는 카시트를 선물한다. 자신의 자녀들이 결혼하여 아이를 낳아도 카시트를 주지 않는다고 한다. 이 회사의 현장에 가보면 자동화를 할 수 있는 공정(분야)이 제법 있다. 그럼에도 사장은 자동화를 서두르지 않는다. 무엇보다 직원들의 자리가 줄어들까 봐서이다.

무인화, 자동화를 들이고자 할 때 직원들의 안전이나 힘든 육체노동을 덜어주기 위한다면 더 없이 환영할 일이다. 그러나 단순하게 직원 일자리를 줄여 수익을 더 늘리기 위해 무인화를 한다면 다시 생각해야 한다. 업자들의 유혹에 끌려 무인화, 자동화를 결정해야 한다면 더욱더 생각해 보아야 한다.

막연하게	유행에 따라 목적도 없이 주변에서 하니까 나도
위험작업	3D 업종, 위험작업, 안전을 위해 자동화, 무인화
구직난	기피업종으로 인력을 구하기 힘들어서
인건비 절약	인건비를 줄이기 위해
업자에 끌려	자동화기기 설치업자의 설득에 이끌려서

▲ 무인자동화의 목적

마치는 글

우리의 지난 30년을 반성한다

영화 『1987』을 보면 30년 전 우리 사회의 일그러진 모습을 보게 된다. 1980년대에 대학을 졸업하고 군대를 다녀온 나에게는 영화 속의 장면들이 남의 일 같지가 않았다. 그렇다고 당시에 어두운 모습만 있었던 것은 아니다. 86아시안게임과 88올림픽이 열렸다. 광케이블을 도입하고 정보통신 강국의 토대를 마련했다. 모두의 반대에도 인천공항과 고속철도를 착공했다. 분당과 일산에 신도시를 건설하면서 주택가격도 안정을 시켰다. 군사정권이었지만 그 시절에서는 집 걱정, 학원비 걱정, 취직 걱정은 없었다.

나 역시 1980년대에 어렵지 않게 취직을 하고 결혼도 했다. 아이를 둘 낳았으며 3년간 저축을 하였더니 대출을 받지 않고도 아담한 내 집까지 마련했다. 돌이켜 생각해보니 그때 우리 세대가 열심히 일해서가 아니었다. 선배들이 우리에게 좋은 세상을 물려주었기에 가능한 일이었다. 우리의 선배들은 독일에 광부와 간호사로 나가면서까지 가난에서 벗어나기 위해 힘을 모았다. 그들은 고국을 그리며 전쟁으로 폐허가 된 우리나라에 땀과 눈물로 번 돈을 송금했다. 월남에서 젊은이들이 피를 흘린 대가로 받은 돈으로 공장을 짓고 고속도로를 건설했다. 가족의 품을 떠나 중동에 가서 모래바람과 싸우며 돈을 벌어 경제건설에 보탰다.

덕분에 1980년대 나와 같은 386세대들은 지방대학만 나와도 이력서 한 장이면 쉽게 취직을 했다. 누구나 3~4년만 저축하면 은행 대출 없이도 내 집을 마련할 수 있었다. 선배들 희생 덕에 좋은 세상을 아무런 수고도 없이 그냥 물려받은 것이다.

그 세대가 바로 나를 비롯한 지금의 기성세대들이다. 수십억의 아파트에 살면서 아파트값 오르기를 바라는 기득권층이다. 모두가 이 나라의 좋은 직장 좋은 자리를 독차지하고 젊은이들에게는 자리를 내주지 않고 있는 사람들이다. 그러면서 우리의 젊은이들에게는 생지옥을 만들어 주었다.

도대체 우리는 지난 30년 동안 무슨 일을 한 것일까.

자녀들이 유치원부터 대학생까지 새벽부터 밤늦게까지 공부를 하도록 교육을 입시지옥으로 만들었다. 젊은이들이 이력서 100장을 내어도 취직이 안 되어 좌절하게 만들었다. 이제 결혼도 취직도 집도 포기를 해야 하는 오포세대, 칠포세대를 만들었다.

한창 기를 펴고 공부해야 할 젊은이들이 한 평 남짓한 고시원에서, 옥탑방에서, 반지하 방에서 웅크리며 살아가고 있다. 바로 옆에는 10억대가 넘는 아파트 숲이 즐비하다. 그 속에 사는 우리 젊은이들이 무슨 생각을 하고 있을까. 우리나라가 잘사는 나라인가. 자동차를 많이 만들고 국민소득이 높아지면 잘사는 나라인가. 책을 쓰는 내내 스스로에게 던진 질문이다.

이 책은 나에 대한 반성문이며 나와 같은 기성세대에 대한 호소문이다. 나는 가끔 취직을 준비하는 대학생들을 대상으로 강의를 한다. 그때마다 그들에게 얼마나 죄스럽고 미안한지 모른다. 나보다 몇 배는 더 열심히 공부하고 더 현명하고 더 성실한 그들이기에 그들 앞에 설 자격이나 있는지 고개를 들기조차 부끄럽다.

내가 정책을 수립하는 국회의원이나 장관이라면 허허벌판 새만금 땅에 공항을 건설하지 않을 것이다. 지방 이곳저곳에 수조 원을 들여 철도를 건설하지 않을 것이다. 대신 서울에 있는 대학들이 캠퍼스 안에 땅을 내어 놓은 조건으로 기숙사를 무료로 지어줄 것이다. 5조 원이면 기숙사 10만 개를 건설할 수 있다. 그러면 우리의 젊은 대학생들이 기죽지 않고 고시원에서 탈출할 수 있다. 대학가 주변에서 월세를 받아먹고 사는 노인들 눈치를 보느라 젊은이들의 꿈을 외면하지 않을 것이다.

내 강의를 들은 어느 젊은이는 휴대폰 요금부터 바꾸었다. 기본요금이 1,000원짜리 알뜰폰 요금으로 바꾸었다고 연락을 해왔다. 그는 데이터는 아예 쓰지 않고 전화는 오는 것만 받는다고 했다. 전화를 걸 때는 와이파이 존에 가서 SNS를 이용하여 무료 통화를 한다고 한다.

그 젊은이는 두 달 동안의 요금명세서를 나에게 보내주었다. 당장 휴대폰 요금 한 가지라도 끌려다니지 않으면 나의 삶은 조금씩 나아진다. 5,000만대의 휴대폰 요금을 2만 원씩만 줄여도 한 달에 1조 원이 절약된다. 이 돈으로 외식도 하고 여행도 간다면 자영업이 살아날 것이다. 내친김에 냉장고 크기를 줄이면 당신은 훨씬 더 알차고 건강한 삶을 살 수가 있다.

우리가 끌려다니지 않으면 그들은 우리를 만만히 보지 않을 것이다. 빨대를 하나둘 거둘 것이다. 그리고 세상은 조금씩 변할 것이다.

끌고 가는 사람도 끌려다니는 사람도 없어야 좋은 세상이다. 이 책이 끌려다니는 사람이 없는 세상을 만드는데 보탬이 되었으면 한다.

김종삼

제9요일　　이봉호 지음 | 280쪽 | 15,000원

4차원 문화중독자의 창조에너지 발산법　창조능력을 끌어올리는 '세상에서 가장 쉽고 가장 즐거운 방법들'을 소개했다. 제시한 음악, 영화, 미술, 도서, 공연 등의 문화콘텐츠를 즐기기만 하면 된다. 파격적인 삶뿐 아니라 업무력까지 저절로 향상되는 특급비결을 얻을 수 있다. 무한대의 창조 에너지가 비수처럼 숨어 있는 책이다.

광화문역에는 좀비가 산다　　이봉호 지음 | 240쪽 | 15,000원

4차원 문화중독자의 탈진사회 탈출법　대한민국의 현주소는 좀비사회 1번지! 천편일률적인 탈진사회의 감옥으로부터 유쾌하게 탈출하는 방법을 담고 있다. 무한속도와 무한자본, 무한경쟁에 함몰된 채 주도권을 제도와 규율 속에 저당 잡힌 우리들의 심장을 향해 날카로운 일침도 날린다.

나는 독신이다　　이봉호 지음 | 260쪽 | 15,000원

자유로운 영혼의 독신자들, 독신에 반대하다!　치열한 삶의 궤적을 남긴 28인의 독신이야기! 자신만의 행복한 삶을 창조한 독신남녀 28人을 소개한다. 외로움과 사회의 터울 속에서 평생을 씨름하면서도 유명한 작품과 뒷이야기를 남긴 그들의 스토리는 우리의 심장을 울린다.

H502 이야기　　박수진 지음 | 284쪽 | 15,000원

희로애락 풍뎅이들의 흥미진진한 이야기　인간이 만든 투전판에서 전사로 키워지며, 낙오하는 즉시 까마귀밥이 되는 끔찍한 삶을 사는 장수풍뎅이들. 주인공인 H502는 매일 살벌한 싸움을 하는 상자 속에서 힘을 키우며 강해지고 단단해지는 비법을 전수받는다. 그러던 어느 날 상자 밖으로 탈출할 절호의 기회가 찾아와 목숨을 거는데 과연 성공할 수 있을까.

나쁜 생각　　이봉호 지음 | 268쪽 | 15,000원

자신만의 생각으로 세상을 재단한 특급 문화중독자들　세상이 외쳐대는 온갖 유혹과 정보를 자기식으로 해석, 재단하는 방법을 담았다. 피카소, 아인슈타인, 메시앙, 르코르뷔지에, 밥 딜런, 시몬 볼리바르, 전태일, 황병기, 비틀스, 리영희, 마일스 데이비스, 에두아르도 갈레아노, 뤼미에르 형제, 하워드 진, 미셸 푸코, 마르크스, 프로이트, 다윈 등은 모두 '나쁜 생각'으로 세상을 재편한 특급 문화중독자들이다. 이들과 더불어 세상에 저항했고 재편집한 수많은 이들의 핵 펀치 같은 이야기가 펼쳐진다.

그는 대한민국의 과학자입니다 　노광준 지음 | 616쪽 | 20,000원

황우석 미스터리 10년 취재기　세계를 발칵 뒤집은 황우석 사건의 실체와 그 후 황 박사의 행보에 대한 기록. 10년간 연구를 둘러싸고 처절하게 전개된 법정취재, 연구인터뷰, 줄기세포의 진실과 기술력의 실체, 죽은 개복제와 매머드복제 시도에 이르는 황 박사의 최근근황까지 빼곡히 적어놓았다.

대지사용권 완전정복　신창용 지음 | 508쪽 | 48,000원

고급경매, 판례독법의 모든 것!　대지사용권의 기본개념부터 유기적으로 얽힌 공유지분, 공유물분할, 법정지상권 및 관련실체법과 소송법의 모든 문제를 꼼꼼히 수록. 판례원문을 통한 주요판례분석 및 해설, 하급심과 상고심 대법원 차이, 서면작성 및 제출방법, 민사소송법 총정리도 제공했다.

음악을 읽다　이봉호 지음 | 221쪽 | 15,000원

4차원 음악광의 전방위적인 음악도서 서평집 40　음악중독자의 음악 읽는 방법을 세세하게 소개한다. 40권의 책으로 '가요, 록, 재즈, 클래식' 문턱을 넘나들며, 음악의 신세계를 탐방한다. 신해철, 밥 딜런, 마일스 데이비스, 빌 에반스, 말러, 신중현, 이석원을 비롯한 수많은 국내외 뮤지션의 음악이야기가 담겨있다.

남편의 반성문　김용원 지음 | 221쪽 | 15,000원

"나는 슈퍼우먼이 아니다"　소통 없이 사는 부부, 결혼생활을 병들게 하는 배우자, 술과 도박, 종교에 빠진 배우자, 왕처럼 군림하고 지시하는 남편, 생활비로 치사하게 굴고 고부간 갈등 유발하는 남편. 결혼에 실패한 이들의 판례사례를 통해 잘못된 결혼습관을 대놓고 파헤친다. 결혼생활을 지키기 위해 알아야 할 기본내용까지 촘촘히 담았다. 기본 인격마저 무너지는 비참한 상황에 놓인 부부들, 막막함 속에서 가족을 위해 몸부림치는 부부들 이야기까지 허투루 볼 게 하나 없다.

몸여인　오미경 지음 | 서재화 감수 | 239쪽 | 14,800원

자녀와 함께 걷는 몸여행 길!　동의보감과 음양오행 시선으로 오장육부를 월화수목금토일, 7개의 요일로 나누어 몸여행을 떠난다. 몸 중에서도 오장(간, 심, 비, 폐, 신)과 육부(담, 소장, 위장, 대장, 방광, 삼초)가 마음과 어떻게 연결되고 작용하는지 인문학 여행으로 자세히 탐험한다. 큰 글씨와 삽화로 인해 인체에 대해 궁금해하는 자녀에게 쉽고 재미있게 설명해줄 수 있다.

대통령의 소풍 김용원 지음 | 205쪽 | 12,800원

인간 노무현을 다시 만나다! 우리 시대를 위한 진혼곡 노무현 대통령을 모델로 삶과 죽음의 갈림길에 선 한 인간의 고뇌와 소회를 그렸다. 대통령 탄핵의 실체를 들여다보고 우리의 정치현실을 보면서 인간 노무현을 현재로 불러들인다. 작금의 현실과 가정을 들이대며 역사 비틀기와 작가적 상상력으로 탄생한 정치소설이다.

어떻게 할 것인가 김무식 지음 | 237쪽 | 12,800원

나를 포기하지 않는 자들의 자문법 절대 포기하지 않고 끈질기게 도전하면서 인생을 바꾼 이들의 자문자답 노하우로 구성하였다! 정상에 오르기 위해 스스로를 연마하고 자기와의 싸움에서 승리한 자들의 인생지침을 담은 것. 포기하지 않는 한 당신에게도 기회가 있다. 공부하고 안내하면서 기회를 낚아챌 준비를 하면 된다. 당신에게도 신의 한 수는 남아 있다! 이 책에 그 방법이 담겨있다.

탈출 신창용 지음 | 221쪽 | 12,800원

자본과 시대, 역사의 횡포로 얼룩진 삶과 투쟁하는 상황소설 자본의 유령에 지배당하는 나라 '파스란'에서 신분이 지배하는 나라인 '로만'에 침투해, 로만의 절대신분인 관리가 되고자 진력하는 'M'. 하지만 현실은 그에게 등을 돌리고 그를 비롯한 인물들은 저마다 가진 존재의 조건으로부터 탈출하려고 온몸으로 발버둥치는데… . 그들은 과연 후세의 영광을 위한 존재로서 역사의 시간을 왔다가는 자들인가 아닌가…

흔들리지 않는 삶은 없습니다 김용원 지음 | 187쪽 | 12,800원

나의 삶을 지탱해주는 것들 100 삶을 끝까지 지속하게 하는 100가지 이야기! 세상으로부터 상처받고 좌절하며 심하게 흔들렸지만, 그 흔들림으로부터 얻은 소소한 깨달음을 기록했다. 몸부림치며 노력했던 발자취를 짧고 간결한 글과 사진으로 옮겼다. 세상을 돌아가게 하는 공공연하면서도 은밀한 암호들에 대해 해독하는 방법도 깨칠 수 있다.

하노이 소녀 나나 초이 지음 | 173쪽 | 11,800원

한국청년 초이와 베트남소녀 나나의 달달한 사랑 실화! 평범한 가정에서 평범하게 자라 평범한 30대 중반의 직장인, 평범한 생활, 평범한 스펙, 평범한 회사에 다니다가 우연히 국가지원 프로젝트를 맡으면서 베트남 생활을 하게 된다. 아이 같은 아저씨와 어른 같은 소녀의 조금은 특별한 이야기. 서울과 하노이… 서른여섯, 스물셋…. '그들 사랑해도 될까요?'

아내를 쏘다   김용원 지음 ┃ 179쪽 ┃ 11,800원

잔인한 세월을 향해 쏘아 올린 67통의 이야기   젖먹이 아이와 아내를 홀로 두고 뜻하지 않게 군에 간 남자가 아내에게 쓴 손편지들을 모아 엮었다. 닫혀버린 시간 속에서의 애절함이 깃든 이야기들은 넉넉한 쉼과 위로를 안겨줄 것이다. 편지가 주는 그리움의 바다에 빠져 볼 것을 강력히 권해본다.

탈출, 99%을   신창용 지음 ┃ 331쪽 ┃ 14,800원

존재의 조건이 찢긴 자들   이 소설은 예민한 현실의 정치와, 권력과, 경제 속 깊이 들어간다. 세상을 지배하는 영역인 정치·권력·경제 세계에 눈을 감거나 지나친 방론에 머무는 자 누구인지 들여다본다. 주인공 'M'과 이야기를 이끄는 '파비안', 그들은 자본권력과 '1% 갑'의 폭력에 순치되거나 살아남으려 무던히도 애쓰는데….

조물주위에건물주   신창용 지음 ┃ 95쪽 ┃ 4,800원

『탈출, 99%을』에게 바치는 진군가   책은 정치무관심·외면, 재벌지배자, 권력자 팟캐스트, 일자리·일거리, 비정규직·영세자영업, 기회·결과의 평등, 사회안전망, 세월호, 미투, 촛불혁명, 김광석, 선거, 남북, 미국, 1가구1주택·감면, 헌법, 법언까지 우리나라에서 큰 이슈였던 주제를 재료로 소환했다. '1% 갑 : 99%을'의 삶을 구속하고 이 땅을 지배하는 것들에 대한 단상들이 냉정한 논조로 펼쳐진다.

나는 강사다   한경옥 지음 ┃ 219쪽 ┃ 14,800원

주부 한경옥의 강사도전   꿈도 비전도 없던 주부가 쉰이 넘어 강사가 되겠다고 꿈을 꾸면서 겪은 좌충우돌 경험을 엮었다. 늦깎이 만학도의 길을 걸으며 강사의 꿈을 갖게 된 계기부터, 절대 긍정녀가 된 사연, 인생의 터닝포인트가 된 사건, 대중 앞에 서는 매력을 안겨준 사건들, 그리고 강사로서 두려움을 극복하는 법, 강의력을 끌어올리는 법, 청중과 호흡하는 법, 프로강사가 갖춰야 할 자세, 강사로 사는 삶끼지 풍성한 이야기들로 가득하다.

청와대로 간 착한 농부   최재관 지음 ┃ 202쪽 ┃ 15,000원

청와대 비서관 출신 농민운동가의 맛있는 수필집   청와대 농어업비서관 시절, 문재인 대통령을 도와 쌀값안정, 대통령 직속 농특위 출범, 우리밀 전량수매와 공공급식 확대, 직불제 개편 등 굵직한 현안들을 결과로 풀어낸 '착한 농부', 최재관 전 청와대 농어업비서관이 쓴 수필집. 문재인 대통령과의 일화들도 보는 재미를 더한다.

이 책을 읽을
당신과 함께
하고 싶습니다!

블로그 **blog.naver.com/stickbond**
포스트 **post.naver.com/stickbond**
카 페 **cafe.naver.com/stickbond**

stickbond@naver.com

이 책을 읽은
당신과 함께
하고 싶습니다!